歴史教科書を斬る

針原崇志

明窓出版

◎　歴史教科書を斬る　目　次　◎

第四章　日露戦争

第五章　朝鮮統治

第六章　満洲事変

第七章　支那事変（日中戦争）

はしがき

歴史教科書とは、日本の未来を担う子供たちが、日本とはこれまでどのような歴史を歩んできた国なのかを学ぶために読むものである。であればその内容は、日本がこれまでに歩んできた輝かしい来歴を紹介して、日本という祖国に対する誇りと愛情を育み、日本に生まれ育った喜びや、日本の未来を担うことへの希望を培うことを旨とすべきであろう。

であるからこそ、学習指導要領でも、歴史教育の目標として「我が国の歴史に対する愛情を深め、国民としての自覚を育てる」との項目が掲げられており、歴史教科書もまたその趣旨に沿った内容でなければならないはずなのである。

にもかかわらず、現在使用されている中学校の歴史教科書（八社が発行している）のうち、この趣旨に沿ったものと評価できるのは、わずかに扶桑社の発行する教科書のみである。その他七社の発行する教科書は、その精神とは正反対の、いわば「我が国の歴史に対する嫌悪感を深め、国民としての後ろめたさを育てる」ものといわざるを得ない。歴史には、影もあれば光もある。その光の部分をひたすら覆い隠し、影の部分をことさらに強調して、「日本とは、こんなにひどいことをしてきた国です」と子供たちに紹介しているのである。しかも、日本を貶《おとし》めるためとあらば、史実を無視したデタラメも平気で載せている有様である。

そこで本書では、本年度（平成十八年度）以降四年間にわたり中学校の授業で使用される歴史教科書を取り上げ、特にそうした傾向の強い近代史における対外関係に関する記述を中心に、解説を加えつつその不当性を指摘したものである。本書の指摘によって、歴史教科書が少しでも改善され、一人でも多くの子供たちが祖国日本の歴史に誇りと愛情を持つこととなれば幸いである。

また本書では、単なる教科書批判に終始することなく、アジアとの友好構築、とりわけ韓国との関係改善をも意識した。

今のわが国では、過去のアジアに対する行動を〝過ち〟であるとして、これを反省し謝罪することがアジアとの友好につながる、とする意識が根強いが、本書（特に第十章）では、むやみくもに反省し謝罪することが、けっしてアジアとの友好につながるものではないことを指摘するとともに、それに代わるべき歴史認識のあり方を示したものである。御理解をいただけるか否かはともかく、まずは冷静に読んでいただいた上で、その評価をいただければ幸いである。

本書で取り上げた歴史教科書は、次のとおり。本文中では、発行会社名をもって該当教科書を示す。

大阪書籍　『中学社会　歴史的分野』
教育出版　『中学社会　歴史　未来をみつめて』
清水書院　『新中学校　歴史　改訂版　日本の歴史と世界』
帝国書院　『社会科　中学生の歴史』
東京書籍　『新編　新しい社会　歴史』
日本書籍新社　『わたしたちの中学社会　歴史的分野』
日本文教出版　『中学生の社会科　歴史　日本の歩みと世界』
扶桑社　『中学社会　改訂版　新しい歴史教科書』

※朝鮮、韓国の呼称について
本書では、原則として、文脈上、李氏朝鮮または日本統治下の朝鮮を指す場合には「朝鮮」と表記し、大韓帝国または大韓民国を指す場合には「韓国」と表記した。

第一章　明治初期の外交

○西郷隆盛《さいごうたかもり》が征韓論を主張したとの記述は修正ないし削除を要する

西郷隆盛らは、……**鎖国**を続ける**朝鮮**に対して、**武力**に**訴**えてでも**日本**と**国交**を**結**ばせようとしました（**征韓論**）。
（大阪書籍　一四四頁）

ほかにも教育出版（一二〇頁）、清水書院（一五三頁）、帝国書院（一五七頁・一六二頁）に同様の記述があるが、これは誤りである。

十九世紀、欧米諸国は競ってアジア各地を植民地として支配していった。

そうした中、わが国はみずからの独立を守るため、二六〇年もの泰平をもたらした徳川時代に別れを告げ、明治維新を成し遂げて、近代国家建設の緒に就いたが、それとともに、朝鮮の情勢もまた、わが国にとって重大な関心事であった。もし朝鮮半島が欧米列強の支配下に入ってしまえば、朝鮮半島と一衣帯水にあったわが国の独立も常に脅かされる恐れがあったからである。特に不凍港（冬でも海面が凍結しない港）を求めて南方に侵出しつつあったロシアが朝鮮半島を支配してしまうことを、わが国は最も恐れていた。

当時の朝鮮は、清国を中心とする冊封《さくほう》体制下にあった。冊封体制とは、中国周辺の国々の国王が中国の皇帝に朝貢し、これに対して中国の皇帝がそれらの国王の地位を保障するという体制である。朝鮮の国王は清国の皇帝に貢ぎ物を献上し、その見返りとして清国皇帝から「朝鮮国王として朝鮮を治めよ」とのお墨付きをもらっていたのである。要するに、当時の朝鮮は清国の属国だったのである。

ところがその清国は、アヘン戦争（対英）、アロー戦争（対英仏）に相次いで敗れ、イギリスに香港を割譲するなど、自国の防衛すらままならない状態であった。この敗戦をきっかけに、洋務《ようむ》運動（同治《どうち》の中興《ちゅうこう》）と呼ばれる近代化政策も行われてはいたものの、その一方で、旧態依然の中華思想（中国の文明が最も優れており、それ以外の文明は野蛮だとする思想）に固執《こしつ》していたため、西洋の科学技術を末節的に採り入れるという小手先の改革にとどまり、日本の文明開化のように、それまでの政治機構や社会体制も含めて抜本的な改革を推し進めようとしたものではなかった。

したがってわが国は、朝鮮が清国から独立して、みずから近代化をはかり、国力を増強して、自存自衛を果たすことを願っていたのである。

そこでわが国は、まずは朝鮮との国交を樹立しなければならないと考え、一八六八（明治元）年、政権交代を告げるとともに、これまでどおり友好的な関係を続けよう、との趣旨の文書（皇政維新《こうせいいしん》の書契《しょけい》）を朝鮮に送った（江戸時代には、徳川幕府と朝鮮の李王朝は、対馬《つしま》藩を仲介役として良好な関係にあった）。

ところが朝鮮は、文書の中で「皇」や「勅《ちょく》」の文字が用いられることを理由に、文書の受け取りを拒絶した。前述のように冊封体制下にあった朝鮮は、これらの文字は中国の「皇帝」だけが用いることを許される文字であり、そのような文字を使った文書を受け取れば、清国の怒りを買うのではないのか、と考えていたのである。こうして「**明治政府は、朝鮮との外交では、はじめからつまずくことになった**」（扶桑社　一五一頁）のである。

そこでわが国は、これらの文字を使うことを避け、その後も交渉を試みたが、朝鮮は頑《がん》としてこれを拒み続けた。それればかりか、一八七三（明治六）年五月には、欧米の制度や風俗を採り入れて近代化を推し進める日本を「恥知らず」「無法の国」と揶揄《やゆ》した文書を、朝鮮の役人が釜山《プサン》の日本公館前に掲示するという事態が発生した。

そのような挑発的な態度を受けて、にわかに高まりを見せたのが、いわゆる「征韓論」である。

同年六月以降、政府でも「征韓論」が議論され始めた。その急先鋒にあったのは、板垣《いたがき》退助《たいすけ》であった。その主張は、次のようなものであった。

朝鮮国の暴慢はもはや極に達している、ただちに韓半島に兵を送るべきである、外交談判などはそれからのことだ。

（司馬遼太郎『翔ぶが如く』一四九頁）

これに対し、西郷は派兵に否定的であった。

同年十月十五日、西郷は次の文書を三条実美《さんじょうさねとみ》太政大臣に提出している。

（前略）軍隊派遣は決してよくありません。（中略）公然と使節を派遣するのが当然のことでしょう。たとえ彼より交際を破り、戦争の構えで拒絶したとしても、その真意がはっきりと現れるところまでは、徹底的に努力を尽くさなければ、悔いが残るはずです。おのずから暴挙が生じるかも知れないなどの疑念を抱いて、あらかじめ戦争の準備をしておいてから使節を派遣するようなことは礼儀に反しますから、あくまでも親交を深めようという趣意を貫徹すべきであり、そのうえで暴挙が生じるようなことがあったときに、初めて彼の間違いをはっきりと世界に訴えて、その責任を追及すべきではありませんか。（後略）

（堺屋太一・奈良本辰也・綱淵謙錠他『西郷隆盛』所収、毛利敏彦「実録『征韓論』論争」一九一頁〜一九二頁　原文は一部文語体）

このように、たとえ朝鮮が戦争の構えに出たとしても、最後の最後まで徹底的に話し合いによる交渉を続けるべきだと主張して、軍隊の派遣に反対しているのである。つまり西郷は、征韓論者どころか、むしろ反征韓論者とさえいえよう。

したがって、西郷が「征韓論」を主張したとする記述は史実に反するものであって、修正を要する。

また、そもそも武力行使を主張する立場にしても、冒頭の大阪書籍の記述にあるように「武力に訴えてでも日本と国交を結ばせようと」したものであって、武力で朝鮮を征服しようとしたものではない。にもかかわらず、征服の〝征〟の字を用いて「征韓論」と表現すること自体、主張の内容に対する誤解を招くものである。たとえ一般に用いられているにせよ、こうした不正確かつ不適切な文言を、教科書では用いるべきではなかろう。冒頭の四社のみならず、全教科書がこの文言を用いているが、削除すべきである。

○日朝修好条規を否定的にのみとらえた記述は修正すべきである

前述のような朝鮮のかたくなな態度を受けて、わが国はそれまでの外交方針を転換し、一八七五（明治八）年、アメリカの黒船来航にならい、軍艦を朝鮮の江華島《こうかとう》沖に送って朝鮮を威圧した。この軍艦に向けて朝鮮が発砲したことで、武力衝突が発生した（江華島事件）。

この事件をきっかけに、翌一八七六（明治九）年、わが国と朝鮮との間に日朝修好条規（江華条約）が締結された。その主な内容は次の五点である。

①朝鮮は自主の国であって、日本と平等の権利を保有する（朝鮮の独立を承認）。
②日朝両国が互いに外交官を派遣する（国交の樹立）。
③釜山・仁川・元山の三港を開港し、通商貿易を行う（朝鮮の開国と通商の開始）。
④日本人が朝鮮で罪を犯した場合、日本の官吏がこれを裁く（治外法権の承認）。
⑤日本に対して関税免除を認める（関税自主権の否定）。

それまでの朝鮮は、国際社会では独立国とみなされてはいなかった。たとえば、昔の地球儀ではいずれも朝鮮が中国に含まれていたという（渡部昇一『年表で読む　明解！日本近現代史』三十七頁）。しかし朝鮮が初めて自ら国際条約を結んだことで、日本に続き、イギリスやドイツも朝鮮と条約を結んだ。つまり、日朝修好条規の締結によって、わが国が世界にさきがけて朝鮮をれっきとした独立国であると承認し、これをきっかけに、国際社会でも朝鮮が独立国として承認されたのである。

要するに、①〜②こそ日朝修好条規の眼目であり、歴史上重要な意義を持つものなのである。にもかかわらず、東京書籍と扶桑社を除いてはこの①〜②に触れることなく、「**日本は軍艦を率いた使節を朝鮮に送って圧力をかけ、日朝修好条規を結んで開国させました。この条約は、日本にとって有利な条約でした。**」（教育出版　一二一頁）、「**朝鮮に圧力を加えて、日本が欧米諸国におしつけられていたのと同じような不平等条約を朝鮮に結ばせた**（**日朝修好条規**）。」（日本書籍新社　一四七頁）のように、④〜⑤をとらえて、条規の不当性ばかりを強調している。これらは、木を見て森を見ない記述と言わざるを得ない。よって、こうした偏った記述は修正すべきである。

第二章　日清戦争

○日清戦争の主目的が「朝鮮の独立」であったことを明記すべきである

日清戦争の主目的は、朝鮮を清国から独立させることであった。

前述のように、日朝修好条規の締結をきっかけに、朝鮮は国際社会で独立国として承認された。にもかかわらず、その後も清国は事あるごとに朝鮮に干渉し、朝鮮もまた清国の庇護《ひご》を求めて、一向に独立自存を果たそうとはしなかった。

そうした中、朝鮮で東学党《とうがくとう》の乱（甲午《こうご》農民戦争）と呼ばれる農民を中心とした内乱が起こった。この乱を鎮圧するため、朝鮮は清国に出兵を求め、これに応じて清国は朝鮮に出兵した。清国がこれを機に朝鮮への支配を強めようとしていたことはあきらかであったので、わが国は済物浦《さいもっぽ》条約（後に詳述）を根拠に出兵し、日清戦争に至った。

要するに、日清戦争とは、朝鮮に対する支配を強めようとする清国と、朝鮮を独立させようとする日本との戦いだったのである。このことは、両国の宣戦布告文を見比べても一目瞭然である。（原文は文語体）

日本「朝鮮は、わが国が導き誘って列国の一員に加わらせた独立の一国である。にもかかわらず、清国は、ことあるごとに朝鮮を属国であると主張し、陰に陽にその内政に干渉し、内乱が起こるや、属国の危機を救うという口実で朝鮮に出兵した。」

清国「朝鮮は、わが大清国の藩属（属国）として、二百年間毎年朝貢している国である。」

そして、日清戦争後に締結された日清講和条約（下関条約）の第一条でも、「清国は、朝鮮が独立国であることを確認する。したがって、この独立を損ねるような、朝鮮から清国に対する貢献、典礼などは廃止するものとする。」と規定されている。もし朝鮮を支配することがわが国の戦争目的であったならば、条約の内容は、わが国の朝鮮支配を認めさせるものとなっていたはずだが、そのような文言は下関条約には盛り込まれていないのである。

さらに、日清戦争後の一八九七年、朝鮮の李王はみずから「皇帝」を称し、国号を「大韓帝国」と改めた。前述のように、冊封体制にあっては、皇帝は中国の皇帝ただ一人しか認められていなかった。にもかかわらず、朝鮮の「国王」が「皇帝」を称したということは、朝鮮が冊封体制から抜け出し、真の独立国家となったことを示しているのである。こうした朝鮮の動きに対し、わが国は何ら異論をはさむことはなかった。けっして、大日本帝国に朝貢する朝鮮王国として、朝鮮を支配することを求めていたわけではなかったのである。

したがって、「**朝鮮に勢力を広げようとした日本は、**……」（教育出版　一二七頁）、「**日本は、朝鮮での指導権をとるために出兵し、**……」（日本文教出版　一三七頁）、「**日本などの朝鮮進出に対して、朝鮮の人はどのように感じていたと思うか、かき出してみよう。**」（帝国書院　一七一頁欄外）など、わが国が朝鮮を支配する意図で清国と戦ったかのような記述は修正を要する。

そもそも、ほとんどの教科書は当時のわが国が朝鮮の独立を望んでいたことに触れておらず、教育出版、日本文教出版、帝国書院にいたっては、右のようにわが国が朝鮮を支配することを望んでいたかのように記述しながら、下関条約に示されたわが国の要求が「朝鮮の独立」では、つじつまが合わず、教科書を読んだ生徒はこの矛盾に戸惑うのではなかろうか。

したがって、右の三社のみならず、その他の教科書においても、当時のわが国が朝鮮の独立を願っていたこと、そして日清戦争が朝鮮の独立を目的としたものであることを明確に記述すべきである。

なお、教育出版（一二七頁）は「**朝鮮でも近代化の努力がはじまりましたが、日本と清の干渉によって、十分な成果があがりませんでした。**」と記述している。何を根拠とした記述かは分からないが、もし日本が朝鮮の近代化に反対していたならば、特に何もせず、旧態依然の冊封体制下にあった朝鮮をそのまま放っておけばよかったのである。そうすれば、朝鮮はいつまでも近代化することはなかったか、あるいは近代化は大幅に遅れていたであろう。日本が朝鮮の近代化を願っていたからこそ、旧来の体制に固執する清国から朝鮮を独立させるため、日朝修好条規を締結し、その後日清戦争を戦って、朝鮮の独立を清国に認めさせたのである。そう考えれば、日本が朝鮮の近代化の邪魔をしたかのような記述はまったく史実と相反するものといえよう。したがって、修正ないし削除を要する。

○わが国の朝鮮への出兵が条約に基づくものであることを記述すべきである

ほとんどの教科書は、「**朝鮮政府は清に援軍を求めたが、日本もこれを知って軍隊をおくった。**」（清水書院　一六六頁）、「**朝鮮政府は、……清に援軍を求めました。日本は清に対抗し、すぐに朝鮮へ軍隊をおくりました。**」（帝国書院　一七一頁）のように、東学党の乱をきっかけに、わが国が何の法的根拠もなく、ただ単に清が出兵したから日本も対抗して出兵し、一方的に戦争を仕掛けたかのように記述している。しかし、この出兵は、一八八二（明治十五）年に朝鮮との間で締結した条約、済物浦《さいもっぽ》条約に基づく合法的なものである。

一八八〇年代はじめの朝鮮では、日本にならって国内改革を進めようとする親日派の王妃・閔妃《びんひ》と、これに反対する王父・大院君《だいいんくん》とが対立していた。この対立の中で、大院君が日本公使館を焼き討ちし、閔妃が日本から招いた軍事顧問を殺害するという事件が起こった（壬午《じんご》事変）。その事後処理として締結されたのが済物浦条約である。この条約では、日本公使館警護のための兵を置くことが定められた。わが国は、同条約を根拠に出兵したのである。したがって、冒頭のような記述は、修正すべきである。

さらに、「**朝鮮政府が清に出兵を求めると、戦争の準備を進めていた日本も、清との条約を**

理由に朝鮮に出兵し、……」（大阪書籍　一五七頁　傍点引用者）、「**朝鮮が清国に助けを求めると、前から清との戦争の準備をしていた日本はただちに朝鮮へ出兵した。**」（日本書籍新社　一五九頁　傍点引用者）のように、わざわざ日本を好戦的であるかのように記述する教科書もある。

しかし、わが国は、できることなら戦争は回避したいと考え、日清戦争直前、「日清両国が協力して事態に対処しよう」と清国に提案している。しかし清国がこれを拒んだため、戦争に至ったのである。したがって、わが国が一方的に戦争を望んでいたかのような右の記述は修正ないし削除を要する。

なお、大阪書籍（一五七頁）と扶桑社（一六四頁）は、この出兵が条約に基づくものであることを記述しているものの、いずれも、一八八五（明治一八）年に清国との間で締結した天津条約に基づくものとしている。

しかし、同条約自体は、①日清両国軍隊の朝鮮からの撤退、②軍事教官の派遣停止、③出兵の際にはお互いに事前通告する、との三点を主たる内容とするものであって、一方の出兵に基づいてただちに他方も出兵できることを規定したものではない。そして清国は、この条約にしたがって、出兵に際してわが国に対し事前通告も行っているので、この条約に基づいてわが国が出兵したというのは無理があろう。

また、日清戦争の宣戦詔書には、清国が東学党の乱を口実に朝鮮に出兵したのに対し、「明治十五年の条約に基づいて兵を出し、事変に備えさせ……」とある。これがわが国の公式見解とするなら、朝鮮への出兵は、一八八二（明治十五）年に朝鮮との間で締結された済物浦条約に基づくものであるとするのが妥当であろう。したがって、大阪書籍および扶桑社の記述は修正すべきである。

○戦後わが国が清国との和解に努めたことを記述すべきである

日清戦争後、明治天皇は『戦勝後国民ニ下シ給ヘル勅語』を下された。その中で明治天皇は、「勝利におごり、みだりに他国をあなどり、友邦との信頼関係を失うようなことは、私の望むところではない。講和条約締結後はもと通り友好を回復し、隣国としていっそう仲良く付き合うよう心がけよ」と国民に勅せられている。

この勅語に象徴されるように、わが国は、朝鮮をめぐって清国と戦争をしたものの、戦いが終わった後は、清国との和解に努めていたのである。そうしたことこそ、教科書に記述すべきであろう。

にもかかわらず、いずれの教科書もそのことには一切触れていない。それどころか、「**日本人のなかには、中国人や朝鮮人に対して優越感や差別意識をもつ人もいました。**」（教育出版一二七頁）、「**国民のあいだには、朝鮮人や中国人を見下す考えも広まっていった。**」（日本文教出版　一三七頁）など、わざわざ当時の日本人を底意地悪く描く記述を掲載している。あまりにも偏った態度であり、あきらかに日本を貶めることを意図したものといわざるを得ず、日本の教科書の記述としては不適切である。よって削除すべきである。

第三章　台湾統治

○わが国が台湾の発展に尽力したことを記述すべきである

下関条約締結でわが国が台湾の割譲を受けた際、清国側全権大使の李鴻章《りこうしょう》から、台湾には絶対に根絶できない四害がある、との警告を受けた。四害とは、原住民の反乱、風土病、アヘン、匪賊《ひぞく》である。

たしかに、台湾統治の当初は反乱がしばしば起こり、これを武力で鎮圧することもあったが、治安はしだいに安定していった。その後は原住民との宥和《ゆうわ》政策に取り組み、民生の向上に努めた。病院を建設し下水道を敷設《ふせつ》するなど衛生環境を向上させ、マラリアなどの風土病対策に取り組んだほか、アヘンも徐々に根絶するなど、四害を次第に克服していったのである。

さらに、鉄道や道路網、港湾などのインフラを整備し、ダムを建設して灌漑《かんがい》事業をおこない、森林を開発して林業を発展させ、学校を建てて教育を施すなどして、台湾の人々の生活は次第に向上していった。

その結果、台湾の民生は大いに向上し、一九〇五年には約三一〇万人程度だった台湾の人口が、一九四三年には約六六〇万人と、倍増している。

台湾開発事業の一つに、扶桑社（一七一頁）が紹介している八田與一《はったよいち》によるダム建設がある。

台湾南部に嘉南《かなん》平野という広大な平野がある。しかし、この亜熱帯地域では、雨季には集中豪雨に見舞われ、乾季には水不足に悩まされており、とても耕作などできる状態ではなかった。

この惨状を知った八田が、ダム建設をはじめとする『嘉南平野開発計画書』を作成して台湾総督府に提出した。これには多額の費用を要したが、八田の情熱に押され、これが実施されることとなった。

原生林の広がる未開地でのダム工事は困難を極めた。そうしたある日、トンネル工事で爆発事故が発生し、五十数名が死亡したほか、多くの重傷者を出した。八田は、台湾人の犠牲者の家を一軒一軒回り、心から弔《とむら》いと慰めの言葉を伝えたという。

この事故で八田は自信を喪失し、事業の断念も覚悟したが、「事故はあんたのせいじゃない。おれたちのために、台湾のために、命がけで働いているのだ」との台湾人の言葉に励まされて、工事を再開した。そしてついに一九三〇年、ダムは完成した。これとあわせて嘉南平野には一万六千キロにも及ぶ水路がくまなく張り巡らされ、嘉南平野は緑の大地に生まれ変わったのである。

今でも、彼の命日である五月八日には、ダムのそばにある彼の墓前で、地元の人々によって感謝祭が行われている。また二〇〇四（平成十六）年末には、日本を訪れた李登輝《りとうき》前台湾総統が、金沢にある八田の生家を訪れている。

ほかにも、一九三一（昭和六）年の第十七回全国中等学校野球選手権大会（いまの夏の高校野球選手権大会）では、台湾の嘉義《かぎ》農林学校が、奮闘の末、準優勝にまで上りつめたというほほえましいエピソードもある。

そうした明るい一面があったからこそ、李登輝をはじめ、きわめて親日的な人物が台湾で数多く現れたのである。

にもかかわらず、扶桑社を除く各教科書の記述は、「**日本に統治**されることに**反対**する**台湾の人々の運動を弾圧**しました。しかし、**日本**からの**独立**を求める**運動**は、その**後**もつづきました。」（教育出版　一二七頁）、「**日本の領土**とされた**台湾**では、**独立運動**がおこったが、**日本は軍隊を派遣**して**これを弾圧**し、**台湾を植民地**として**支配**した。」（日本書籍新社　一五九頁）のように、暗黒面ばかりをやたらと強調している。あまりにもバランス感覚に欠けた偏向的な記述であり、日台関係を正しく理解するという観点からも不適切であって、台湾との友好をもわざわざ悪化させてしまうものである。

台湾人の蔡焜燦《さいこんさん》氏はこう指摘する。

戦後日本では、かつての**植民地統治**を**無条件**に**批判**する**言論**が**幅**を**利**かせていると**聞**く。が、**日本**による**台湾統治**によって、いかに**多**くの**台湾人**が**恩恵**を**受**けたかという**側面**を**考慮**しないことはあまりにもお**粗末**であり、**聞**くに**耐**えない。それは**単**なる**特定**イデオロギーに**染**まった〃こじつけ〃でしかなく、**少**なくとも**日本**の**統治**を**受**けた**台湾人**には**理解**し**難**いことであることも、ここに**付記**しておく**必要**があろう。

（蔡焜燦『台湾人と日本精神《リップンチェンシン》』六十七頁）

扶桑社を除く各教科書も、暗黒一色の「お粗末」な記述を改め、われわれの先人が台湾の発展のために尽力したという歴史的事実を明確に記述すべきである。特に、日本人と台湾人が協力した八田ダム建設などは、扶桑社以外の教科書でもコラムで子供たちに紹介したいエピソードである。

第四章　日露戦争

○日露戦争が自衛戦争であった旨を記述すべきである

これまでにも述べたように、わが国は、国防の見地から、朝鮮半島が欧米諸国、とりわけロシアの支配下に入ることを恐れ、朝鮮が清国から独立して近代化を推し進め、自存自衛を図ることを望んでいた。そして日清戦争の結果、日清両国間で朝鮮が独立国であることが確認された。

にもかかわらず、三国干渉（下関条約で割譲を受けた遼東《りょうとう》半島を清国に返すようロシア・ドイツ・フランスの三国から勧告を受けたこと）でわが国がロシアに屈したことをきっかけに、朝鮮では、李王（高宗）と閔妃をはじめとする親露派（閔妃は親露派に転向した）が勢力を伸ばし、大院君をはじめとする親日派（大院君は親日派に転向した）と対立した。その後、李王がロシア公館に庇護《ひご》を求め、ロシアを後ろ盾とした政権が発足したことで、ロシアの影響力はいよいよ強まった。

後に李王は王宮に帰還し、みずから皇帝を称し、国名を大韓帝国と改めるなど、ようやく独立自存の意思を示しはじめたが、もはやロシアの影響力を排除することはできず、ロシアは、韓国の港を貯炭港として要求し、その租借契約が調印された。

清国においても、ロシアは、一八九八年、三国干渉によりわが国に返還させた遼東《りょうとう》半島の南端にある旅順《りょじゅん》・大連《だいれん》を清国から租借した。さらに一九〇〇年には、義和団《ぎわだん》事件（北清《ほくしん》事変）を口実に、満洲へ大軍を派遣し、事態が収拾した後も撤退せず、事実上満洲を軍事占領した。そして一九〇三年七月、国境を越えて韓国に侵入し、韓国国内に砲台を築くなど、朝鮮半島をも支配しようとする意欲を示したのである。

日本の韓国併合が非難されるが、ならば日本の統治下に入らなければ韓国は独立国でいられたかといえば、おそらく不可能であり、ロシアの統治下に入っていたであろうことは、ロシアのこうした一連の動きからも十分に予想される。そしてロシアが朝鮮半島を手に入れれば、いつでもわが国に向けて出撃できるようになり、常にわが国の安全が脅かされることとなる。そうなれば、「日本」という独立国が今日《こんにち》存在していたかどうかさえ分からない。また朝鮮の人々も、次章に述べるような人道的な統治ではなく、当時の白色人種の有色人種に対する支配がそうであったように、過酷な統治を受けていたことも十分予想される。

それはさておき、このように徐々に迫りくるロシアの脅威があったからこそ、わが国は、国力においてはるかに上回るロシアと、国家存亡をかけて、あえて戦わざるを得なかったのである。

にもかかわらず、「朝鮮に勢力をのばそうとしていた日本は、ロシアとの対立を深めました。」(大阪書籍　一五八頁)、「**韓国を支配下におこうとしていた日本は、ロシアと外交交渉をすすめて、日本の要求を認めさせようとしました。**」(教育出版　一三〇頁)、「**日本は朝鮮の支配をめざしていたので、ロシアとの対立がはげしくなった。**」(日本書籍新社　一六〇頁)のように、単なる朝鮮半島の争奪戦のようにしか記述しないのでは、そうした切実感はまったく伝わらず、多大なる犠牲を払いながらも辛うじて日本の独立を守った先人の労苦がまったく無視されてしまう。日露戦争が、わが国の国家存亡を賭けた切実なる自衛戦争であったことを明記すべきである。

さらに、東京書籍（一五八頁）にいたっては、「**日本は、1902年にイギリスと日英同盟を結んでロシアに対抗し、戦争の危機がせまってきました。**」と、あたかもわが国が日英同盟を結んだことが引き金となって日露戦争に至ったかのように記述している。しかし、ロシアの脅威があったからこそ日英同盟を締結したのであって、東京書籍の記述はまったく本末転倒であり、修正ないし削除を要する。

○当時まれであった非戦論を誇張した記述は修正ないし削除すべきである

当時、三国干渉の屈辱に「臥薪嘗胆《がしんしょうたん》」で耐え忍んできた国民の大多数は、圧倒的に戦争を支持した。そして戦争が始まるや、ロシアの脅威から日本を守るため、各々の立場で精一杯奮闘した。

日露戦争での日本人の奮闘ぶりは、司馬遼太郎著『坂の上の雲』に如実《にょじつ》に描かれているが、その中に、たとえば次のようなエピソードが描かれている。

日本海海戦を目前に控えた戦艦敷島《しきしま》の修理に、技術官は当初、約二ヶ月半はかかると予定をたてた。ところがいざ修理をはじめると、職工は休息もとらず、食事も立ち食いで済ませて働いた。かえって乗組の兵員が気をつかって、お茶を運んだり、間食を作ったりし、艦長の寺垣猪三《てらがきいぞう》も、

「そのように働いては体がつづかない。まだ三笠もくるし、あと百隻からの艦がくる。体をうまく使ってくれなければこまる」

と説いてまわったほどであったという。

こうして敷島の修理は、わずか一ヶ月二十日程で終わった。

（司馬遼太郎『坂の上の雲（五）』一八一頁〜一八二頁参照）

日露戦争は、政府と国民が一丸となって死力を尽くした戦いだったのである。当時の国民の様子について記述するのであれば、このような国民の奮闘ぶりこそ記述すべきであろう。にもかかわらず、扶桑社が『歴史の名場面　日本海海戦』（一六九頁）とのコラムを載せるほかは、いずれの教科書も国民の奮闘にはほとんど触れていない。日本書籍新社（一七二頁）などは、与謝野晶子《よさのあきこ》の『君死にたまふことなかれ』全文の紹介に丸々一ページを割く一方で、国民の奮闘については「**多くの国民は戦争に協力したが、増税と物価の上昇によって生活は苦しくなった。**」（一六一頁　傍点引用者）の傍点部分だけである。あまりにもバランス感覚を失していよう。

また、大阪書籍（一五八頁）、教育出版（一三〇頁）、東京書籍（一五八頁）、日本書籍新社（一六一頁）は、「**社会主義者の幸徳秋水《こうとくしゅうすい》や、キリスト教徒の内村鑑三《うちむらかんぞう》たちは開戦に反対しましたが、**……」（東京書籍）のように、わざわざ「社会主義者」「キリスト教徒」との肩書きまで付けて非戦論者の人物名を掲げている。その背後に「社会主義者＝平和主義者」「非キリスト教（とりわけ〝国家神道〟）＝軍国主義」とのイメージを子供たちに植え付けようとする政治的意図がうかがわれ、教科書執筆者がいかなる思想の持ち主であるかを垣間見ることができる。

この点、扶桑社は非戦論についての記述はないが、特に問題もなく、日露戦争の様子を十分に記述できている。これと同様、他の教科書も限られたページ数の中でわざわざ非戦論に触れる必要はない。触れるとしても、日本の独立を守るために日露戦争で奮闘した圧倒的大多数の国民の様子とのバランスに配慮すべきである。

○わが国がロシアに勝利した歴史的意義を記述すべきである

有色人種の新興国であるわが国が、白色人種の大国であるロシアに勝利したことは、「白色人種＝優越人種＝治者、有色人種＝劣等人種＝被治者」が常識であった当時、白色人種の支配下にあった有色人種を大いに勇気づけた。

この点、扶桑社（一六八頁）は『日露戦争と独立への目ざめ』と題するコラムを設け、日露戦争での日本の勝利に自信を得たアジア・アフリカの指導者たちの声を紹介しているので、このコラムを借りて、有色人種の喜びの声を紹介したい。

「日本がロシアに勝った結果、アジア民族が独立に対する大いなる希望をいだくにいたったのです」（孫文＝中国革命の父）

「もし日本が、もっとも強大なヨーロッパの一国に対してよく勝利を博したとするならば、どうしてそれをインドがなしえないといえるだろう？」（ネルー＝インドの独立運動家でのちの首相）

「立憲制によってこそ日本は偉大になった。その結果かくも強き敵に打ち勝つことができたのだ」（シーラーズイー＝イランの詩人）

「日本人こそは、ヨーロッパに身のほどをわきまえさせてやった唯一の東洋人である」（ムスタファー・カミール＝エジプト民族運動家の指導者）

アジア・アフリカの人々のみならず、アメリカで被差別的な立場にあった黒人にも勇気を与えた。

「日本がヨーロッパに圧迫されているすべての有色人種を救出してくれる。有色人種は日本をリーダーとして仰ぎ従うべきである」（ウィリアム・デボイス＝アフリカ独立の父）

「行け、黄色い小さな男たちよ。天罰を加えるまでその剣を側に置くな。欲望の固まりのロシアを投げ飛ばせ」（黒人の新聞・ニューヨークエイジ紙）

（『産経新聞』平成十六年九月二日付「新　地球日本史」）

扶桑社以外にも、日本書籍新社を除く各教科書は「隣国以外のアジア・北アフリカの人々は、非白人国家がはじめて白人国家を破った事件として大いに注目し、勇気づけられた。」（清水書院　一六七頁）、「日露戦争での日本の勝利は、インドや中国などアジアの諸国に刺激をあたえ、日本にならった近代化や民族独立の動きが高まりました。」（東京書籍　一五九頁）

のように、多かれ少なかれ、アジアあるいは北アフリカの人々に自身や勇気、希望を与えた旨を記述しており、評価できる。

しかし一方で、多くの教科書は、これを打ち消すかのように、わざわざ否定的な記述を併記している。

たとえば清水書院（一六七頁）は、「**日露戦争は、日本の韓国支配を確保させ、中国・ロシアからも領土をうばった。**」と、わざわざ人聞きの悪い「うばった」などという文言を用いて日本を貶めている。「うばう」という文言は、通常、不法な手段によって他者の財物を取り上げることをいうが、当時の国際社会にあっては、戦勝国が敗戦国から賠償金や領土、権益などを獲得することは常識であり、国際法に反することでもなかった。わが国は、ポーツマス条約に基づいてロシアから南樺太などを譲り受けたのであって、うばったのではない。そうした当時の価値観にまったく触れることなく、あえて罪悪感を植えつけることを意図したと思われるこうした記述は不適切である。同社は一方で、一九四五（昭和二十）年八月八日、わが国と不可侵条約を締結していたソ連が一方的にこれを破棄し、突如わが国に攻め込んできて、それこそ千島列島をうばったケースについては、「**千島に侵入した。**」（二〇七頁）と、比較的穏当な文言を用いて記述している。あまりにもバランス感覚を失してはいないだろうか。どうしても「うばった」という文言を用いたいのならば、わが国が領有権を失ったケースについても、「ソ連により、千島をうばわれた。」と記述するのが公平な態度といえよう。

　そもそも、同社はわが国が中国からも領土を「うばった」と記述しているが、これは旅順《りょじゅん》・大連《だいれん》の租借権や南満洲鉄道の付属地を指しているのであろうか。そうであれば、これらはロシアがすでに清国から得ていた権益をロシアから譲り受けたものであって、中国からうばったとするのは史実に反する。よって修正ないし削除を要する。

　帝国書院（一七四頁）は、「**アジア諸国の期待とは異なり、日本は韓国の植民地化を進め、陸軍・海軍の軍備を増強させるなど、帝国主義国としての動きを活発にさせていきました。**」と記述している。「韓国の植民地化を進め」との記述の不当性については次章で指摘するとして、この記述からは、アジア諸国が、日本が軍備を削減することを期待していたかのように読み取ることができる。しかし、たとえばさきに紹介したアジア・アフリカの人々の言葉からも読み取れるように、欧米諸国に支配されていたアジア諸国は、「日本を見習って強い国になろう」と思ったのであって、「日本がこれから弱くなりますように」と願ったわけではない。しかも、当時の国際社会は、弱肉強食の世界である。強い国が生き残り、弱い国は支配される、そうした時代背景もかえりみず、軍事力を増強させたからといってただちに「帝国主義」と結びつけるのは、あまりにも短絡的である。したがって、同社の記述も修正を要する。

　教育出版（一三一頁）は、「**韓国や中国では、日本の東アジアでの勢力拡大に反対する民族**

運動が活発になった。」と記述しているが、それならばなぜ、清国から孫文をはじめ数多くの留学生が来日したのであろうか。

東京書籍（一五九頁）は、「**いっぽう、国民には、日本が列強の一員となったという大国意識が生まれ、アジア諸国に対する優越感が強まっていきました。**」と「大国意識」を持つことを否定的に記述しているが、当時イギリスとならぶ超大国であったロシアに勝ったのだから「日本も大国になったものだ」と感じるのは当然であろう。また現在でも「日本は経済大国だ」という「大国意識」を多くの国民は持っているが、それは非難されるべきことなのであろうか。

そのように、わざわざ日本を貶めようとせず、日本の勝利が当時抑圧されていた有色人種を勇気づけたという世界史的意義を素直に記述してはどうだろうか。したがって、扶桑社を除く各教科書の記述は、修正すべきである。

○乃木大将と東郷大将が敵将に示した武士道につき記述することを提案する

日露戦争の英雄といえば、陸軍大将乃木希典《のぎまれすけ》と海軍大将東郷平八郎《とうごうへいはちろう》がまず挙げられる。この二人の英雄を祀《まつ》るため、乃木神社、東郷神社まで建立されている。

乃木大将は、二〇三《にひゃくさん》高地《こうち》の戦いで知られている。二〇三高地とは、旅順郊外にある標高二〇三メートルの小高い山のことで、この山に登れば旅順港を一望にすることができた。

当時、旅順港にはロシアの太平洋艦隊の多くが集結していた。しかもこのとき、北欧バルト海に面したリバウ港を出港したロシアのバルチック艦隊が、極東に向けて航行を続けていた。ロシアは、この両艦隊合同で一気にわが国の連合艦隊を叩こうとしていたのである。わが国としては、バルチック艦隊が到着する前に太平洋艦隊を撃滅しておかなければならなかったのだが、太平洋艦隊は用心して、対艦砲で厳重に守られた旅順港から出てこなかったため、決定的な打撃を与えることができなかった。そこで、旅順港を望む二〇三高地を占領し、そこから旅順港の艦隊を砲撃しようとしたのである。

ロシアは二〇三高地に難攻不落の要塞を築き上げていたため、日本軍は想像を絶する激戦を強いられたが、奮闘の末、ついにこれを占領し、太平洋艦隊を壊滅させることに成功した。

この戦いの後、乃木は、敵の司令官ステッセル中将と旅順郊外の水師営《すいしえい》で会見した。

通常このような場合、敗軍の将には帯刀が許されなかったが、乃木は、ステッセルの武人としての名誉を守るため、帯刀を認めた。実はこの会見に先立ち、乃木のもとに電報が届いていた。その内容は、明治天皇は、ステッセル将軍が祖国のため尽力した功をたたえ、武士の名誉を保たせることを望んでおられる、というものであった。帯刀を認めたのはこれに沿った措置でもあったのである。

その後両将は互いの健闘をたたえあい、乃木の人柄に感激したステッセルは、愛馬であった白馬を乃木に贈った。乃木はこの白馬のため、立派なレンガ造りの馬小屋を建て、大切に飼養した。その馬小屋は、今も東京赤坂の旧乃木邸に残っている。

後にステッセルは、余力を残したまま降伏したことをロシアの軍法会議で追及され死刑を宣告されたが、これを知った乃木の尽力により、ステッセルは処刑を免れた。

それから約五ヶ月後の五月二十七日、東郷大将を総司令官とするわが国の連合艦隊は、ついにバルチック艦隊と対峙《たいじ》した。

戦力の上では、むしろわが国の劣勢であった（たとえば、主力となる戦艦の数は、ロシア八隻に対し、日本は半分の四隻であった）。

ところが開戦するや、T字戦法（丁字戦法）として知られる作戦や、それまでの猛烈な訓練、わが国の開発した新型の砲弾の威力などが功を奏して、勝敗の趨勢《すうせい》は、開戦後わずか三十分で明らかになった。結局、バルチック艦隊総数三十八隻のうち、本国のウラジオストクに逃げ延びることができたのはわずか三隻の小軍艦と一隻の輸送艦のみであった。これに対し日本側は、戦艦三笠などはかなりの被害を受けたものの、沈没は水雷艇三隻のみ。海戦史上空前の、わが国の完全勝利だったのである。

翌二十八日、連合艦隊は敵司令長官ロジェストウェンスキー中将の身柄を確保し、三十日には佐世保港に入港した。しかし、ロジェストウェンスキーは頭部に重傷を負っていたため、しばらく移動させることが見合わされ、船内で治療が行われた。その折、東郷は、病衣が汚れているのではないかと気遣い、新しい病衣を贈っている。

その後ロジェストウェンスキーは海軍病院に移され、東郷がその見舞いに訪ねた。このとき、東郷は彼にこう語りかけた。

「はるばるロシアの遠いところから回航して来られましたのに、武運は閣下に利あらず、ご奮戦の甲斐なく、非常な重傷を負われました。今日ここでお会い申すことについて心からご同情つかまつります。われら武人はもとより祖国のために生命を賭けますが、私怨《しえん》などあるべきはずがありませぬ。ねがわくは十二分にご療養くだされ、一日もはやくご全癒《ぜんゆ》くださることを祈ります。なにかご希望のことがございましたらご遠慮なく申し出られよ。できるかぎりのご便宜をはかります。」

これに対し、ロジェストウェンスキーは目に涙をにじませ、こう答えたという。

「私は閣下のごとき人に敗れたことで、わずかにみずからを慰めます。」

（司馬遼太郎『坂の上の雲（八）』二七九頁～二八〇頁参照）

日本人とは、勝利しても驕《おご》ることなく、敵として戦った敗軍の将といえどもその名誉を重んじる、かくも堂々たる武士道精神を育んだ民族なのである。敗軍の将に「Ａ級戦犯」のレッテルを貼《は》って貶めたあげく処刑してしまったのとは大違いである。

このようなエピソードを子供たちに伝え、感動を喚起させて、日本人であることに誇りを持たせるべきであろう。そして、自分もこういう立派な人物になりたい、との憧れを抱かせ、自発的にみずからの人格を高めるよう啓発することこそ、教育というものではなかろうか。

よって、これらのエピソードを教科書に掲載することを提案する。

第五章　朝鮮統治

○韓国併合に至った経緯を正確に記述すべきである

日露戦争のさなかから、韓国は、日本による植民地化の動きにさらされていきました。1905（明治38）年には外交権がうばわれ、1907年には皇帝が退位させられて、韓国の内政は韓国統監府ににぎられました。このため国内では民族的抵抗運動が広がり、日本によって解散させられた兵士たちは、農民とともに立ち上がりました。これは日本軍によって鎮圧されましたが、日本の支配に対する抵抗は、その後も続けられました。

1910年、韓国は日本に併合されました。

（東京書籍　一六〇頁）

多少の文言の違いはあるものの、扶桑社を除くいずれの教科書もこれと似たり寄ったりの記述である。しかし、わが国が韓国を併合するに至った経緯は、このような日本の征服欲一辺倒という単純なものではない。

前述のように、朝鮮（後に韓国）政府は、一八八〇年代には親日派と親清派が対立し、清国が日清戦争で敗れた後、今度は親日派と親露派が対立するなど、常にいずれの勢力に付くかで揺れ動いていた。

日露開戦前には韓国政府は親露的であったが、開戦するや、わが国は緒戦でロシア艦隊に大打撃を与えるなどの活躍を見せたため、一気に親日に傾いた。そこで、開戦間もない一九〇四（明治三十七）年二月二十三日に日韓議定書《にっかんぎていしょ》が調印され、韓国が日本の忠告を受け入れて施政を改善することや、韓国の独立と領土保全を日本が保障することなどが約された。これを受けて八月二十二日に締結された第一次日韓協約《にっかんきょうやく》では、韓国の財政と外交に関しては、日本人の財政顧問、外交顧問の諮問《しもん》を受けることとされた。

翌一九〇五（明治三十八）年、わが国は日露戦争に勝利したが、余力をほとんど残さない辛勝であり、一方のロシアは十分に余力を残しての敗戦であったため、完全にロシアの脅威が去ったわけではなく、力を回復すればふたたび朝鮮半島を狙い、これに合わせて韓国もふたたびロシアに傾いてしまうおそれがあった。したがって、下関条約のように韓国の独立を確認するだけではなく、同年九月五日に締結された日露講和条約（ポーツマス条約）では、わが国が朝鮮を保護国とすることをロシアに承認させたのである。なお、これに先立つ七月二十九日にはアメリカと桂―タフト協定を結び、八月十二日にはイギリスと第二回日英同盟協約を調印して、韓国を保護国とすることを確認している。

これを受けて第二次日韓協約が締結され、日本が派遣する統監が外交に関する事項を管理するものとし、韓国の外交権を掌握した。こうして韓国は日本の保護国となり、初代統監に伊藤博文《いとうひろふみ》が就任した。

保護国とは、ある国がその外交権や防衛権、あるいは内政権も含めて、他の国に委ねるというものであって、保護国といえどもあくまでも独立国である。たとえば、今でもモナコはフランスに外交権・防衛権を委ねる保護国ではあるが、れっきとした独立国であって、モナコがフランスに植民地化されている、との認識は誤っている。それと同様、日本が韓国を保護国としたことをもって、韓国を「植民地化」したとする帝国書院（一七四頁）や東京書籍（一六〇頁）の記述は、全く誤った認識なのである。

また、大阪書籍（一六〇頁）、教育出版（一三二頁）、清水書院（一六八頁）、東京書籍（一六〇頁）、日本書籍新社（一六二頁）は、日本が韓国の外交権を「うばった」と、わざわざ人聞きの悪い不穏当な言葉を用いて記述しているが、右の例でいえば、モナコはフランスに外交権を「うばわれている」のではなく、条約で「委ねている」のである。これと同様、日本が韓国の外交権を掌握したのは、条約による「委任」であって、これを「うばった」と表現するのは、不正確かつ不適切であり、修正を要する。

この時点ですでに韓国を併合すべしとする意見もあったが、わが国が韓国を併合することはなかった。併合による負担があまりにも大きいからである。さきに述べたように、わが国は日露戦争には勝利したものの、持てる力を使い果たしての辛勝であったため、本国を防衛した上、さらに韓国をもロシアの脅威から防衛するだけの十分な余裕がなかった。したがって、韓国を併合することなく、韓国が近代化を果たし自存自衛を果たしうるまで、韓国がロシアに傾くことのないよう、外交権・防衛権を掌握することだけを取り決めたのである。つまりわが国は、できることなら韓国が自力で近代化を果たし、韓国自身が韓国を防衛することを望んでいたのである。

ところが、第二次日韓協約の取り決めにもかかわらず、一九〇七年六月、韓国皇帝はオランダのハーグで開催された万国平和会議へ密使を送り、〝独立回復〟を訴えた（ハーグ密使事件。なお、韓国には外交権がないとの理由で、全権委員の会議参加は拒絶された）。
この事件をきっかけに、伊藤は高宗皇帝を廃立《はいりつ》した。廃立とは、臣下が君主を退位させ、別人を即位させることである。これによって抵抗運動がいっそう激化したのであるが、しかし、この措置は諸外国の例に比べればきわめて穏当なものであった。

韓帝は戦争中ロシアに通じ、外人記者を買収し、日本軍の鉄道・電信の破壊を内密に命じました。これは日本に対する背信行為であり、当時の列強だったら、国王は流刑されるか暗殺されていたでしょう。当時の諸外国の例を挙げれば、一八五七年、セポイの反乱では王族を皆殺しにし、帝はビルマに流刑された（イギリス）。一八八七年、ベトナム最後の帝はサハラ砂漠に幽閉（フランス）、一八八五年、ビルマ国王はボンベイに流刑（イギリス）、一八九六年、マダガスカル王を流刑（フランス）、一九〇〇年、ハワイ王家を廃絶し、一市民に格下げ（アメリカ）でした。

（名越二荒之助『日韓共鳴二千年史』二四〇〜二四一頁）

東京書籍（一六〇頁）はそうした高宗皇帝の背信行為に触れることなく、「**1905（明治**

38）年には外交権がうばわれ、1907年には皇帝が退位させられて、韓国の内政は韓国統監府ににぎられました。」（傍点引用者）とだけ記述しているが、いかにも日本の横暴の一環として何の理由もなく突如退位させたような印象を与える記述であり、不適切である。よって、修正ないし削除すべきである。

この事件をきっかけに、日本では一気に併合を進めるべきだとする声が高まったが、しかしここでも韓国を併合することはなく、第三次日韓協約を締結し、統監が韓国の内政に関しても指導する旨を取り決めたのみであった。

ここに至ってもなお日本が韓国を併合しなかった最大の理由は、伊藤博文の存在である。当時の日本には併合推進派と反対派があったが、統監であった伊藤は一貫して韓国併合に反対していた。その理由の一つは、前述のように、韓国を併合すれば日本も多大なる負担を背負わなければならないというものであるが、そうした理由ばかりではなく、伊藤は、韓国の将来性を高く評価していたのである。

韓国を訪れた新渡戸《にとべ》稲造《いなぞう》が伊藤と面会した際、伊藤はこう語ったという。

「朝鮮に内地人を移すという議論が大分あるようだが、我輩はこれに反対しておるのじゃ。」

「**君、朝鮮人**はえらいよ。この**国**の**歴史**を**見**ても、その**進歩**したことは、**日本**よりはるか**以上**であった**時代**もある。この**民族**にしてこれしきの**国**を**自**ら**経営**できない**理由**はない。**才能**においては**決**してお**互**いに**劣**ることはないのだ。しかるに**今日**の**有様**になったのは、**人民**が**悪**いのじゃなくて、**政治**が**悪**かったのだ。**国**さえ**治**まれば、**人民**は**量**においても**質**においても**不足**はない。」

（新渡戸稲造『偉人群像』三一〇頁。原文は歴史的仮名遣い）

つまり、伊藤は韓国を〝支配〟していたというより、むしろ、韓国人の資質を高く評価し、いずれ韓国人自身が韓国を統治することを願いつつ、しかしその政治は問題を抱えているとの認識から、施政改善、つまり政治改革に努めていたのである。

ところが一九〇九（明治四十二）年十月二十六日、伊藤は、皮肉にも日本の〝支配〟に反対する安重根《あんじゅうこん》に暗殺されてしまう（後に詳述）。

これに衝撃を受けた太皇帝（高宗）は、伊藤の死を惜しんでこう語った。

伊藤を**失**ったことで、**東洋**の**人傑**がなくなった。**公**はわが**国**に**忠実正義**をもって**臨**み、**骨**を**長白山**（＝**白頭山**　**引用者註**）に**埋**めて、**韓国**の**文明発達**に**尽**くすと**揚言**《ようげん》していた。**日本**

に政治家多しといえども、伊藤のように世界の大勢を見て、東洋の平和を念じた者はいない。実に伊藤はわが国の慈父である。その慈父に危害を加える者があるとすれば、物事の理非を解さないこと甚だしく、おそらく、海外流浪者であろう。

（名越二荒之助『日韓共鳴二千年史』一二三七頁）

しかし、犯人は韓国人、安重根であった。

この時点で伊藤はすでに統監を退職していたが、それでもなお韓国併合反対派の最大の重鎮であった。しかしその伊藤が暗殺されたことで、流れは一気に韓国併合の方向に傾いてしまった。また韓国内でも、公称百万の会員を擁する政治団体「一進会」などが積極的に合邦を訴えて活動し、この流れを促進した。

こうして一九一〇（明治四十三）年八月二十二日、韓国併合条約が調印され、併合に至ったのである。

日露戦争以降、韓国併合に至るまでには、このような経緯があったのであり、各教科書が記述するように「日本は韓国征服をもくろみ、日露戦争に勝って以降次第に韓国支配を強めていって、抵抗運動を武力弾圧して、最終的に併合した」といった単純なものではないのである。第一、そのような記述では、教科書を読んだ生徒は、そんなに韓国を支配したいのなら、なぜハーグ密使事件の時点で、あるいはポーツマス条約締結の時点で、あるいはさらにさかのぼって下関条約締結の時点で、一気に併合してしまわなかったのか、理解することはできないであろう。教師もまた、生徒からそのような質問を受けたとき、明快に回答できないのではなかろうか。

教科書のページ数の都合上、右記のすべては記述できないにせよ、日韓併合の経緯を正しく理解させるためには、少なくとも、日露戦争後もロシアの脅威が残っていたために韓国を保護国とせざるをえなかったこと、日本国内に韓国併合推進派と反対派があったが、初代朝鮮統監であった伊藤博文は強硬に反対していたこと、その伊藤が安重根に暗殺されたことで日韓併合が促進されたこと、韓国内の世論がこれを後押ししたこと、その程度は記述すべきであろう。したがって、いずれの教科書も修正すべきである。

○バランスを欠いた安重根の記述は修正ないし削除を要する

前述のように、日本による韓国支配に反対する安重根が伊藤博文を暗殺したことで、かえってその意に反して一気に韓国併合が進んだのであって、安重根の行動は軽率であったといわざるを得ない。

とはいえ、その人物自体はけっして愚者ではなく、敬虔《けいけん》なキリスト教徒にして、深い知識も兼ね備えた人物であった。そして逮捕後は潔く罪を認めており、その堂々たる態度に、日本人の検察官や判事までも深い感銘を受けたという。

彼が旅順へ護送される途中、次のようなハプニングが発生した。

列車がある駅で停車していたとき、列車内に不意に乗り込んできた一人の日本人巡査が「この野郎！」と叫び、安に殴りかかった。彼は憤激したが、日本人将校が巡査を引き離し、下車させてから、

「日本と韓国との間に、こんなよくない人間があってはならない。怒らないでくれ。」

と詫びたところ、安も、

「こんなことで腹を立てているようでは情けない話です。もう二度としないよう、心に誓っ

たところです。」

と答えた。

（斎藤泰彦『わが心の安重根』一五八頁参照）

また、次の言葉なども、その人柄を象徴しているといえよう。

「私は、本当にやむにやまれぬ心から、伊藤さんの命を奪ってしまいました。……自分の行為に対する正邪の判断は、後世歴史の審判にまつとして、私はこの大切な命を天にまかせて、祖国のために捨てようと決心したのです。それが遠い遠いわが祖先から頂戴した無窮《むきゅう》なる命の流れに、また帰ってゆくのだと考えたのです。……もうくよくよするのはやめようと、検察官の尋問に答えたのもそのためです。悠久なる韓国の歴史の上に一個の捨石となれば、満足であると私は思っています。いつの日にか、韓国に、日本に、そして東洋に本当の平和が来てほしいのです。千葉さん、わかってください。伊藤公にはまったく私怨はなく、公にも家族にも深くお詫び申し上げたいのです」。

（同書　一七八頁〜一七九頁）

「千葉さん」とは、彼の監獄の看守であった日本軍憲兵の千葉十七《ちばとおしち》である。千葉もまた安に感銘を受けた日本人の一人であり、安を師と崇《あが》めたという。そして安もまた千葉を深く信頼し、処刑される直前、こう言い遺した。

「親切にして頂いたことを深く感謝します。東洋に平和が訪れ、韓日の友好がよみがえったとき、生まれ変わってまたお会いしたいものです。」

（名越二荒之助『日韓共鳴二千年史』二四八頁）

安の死後も、千葉はその供養を続けたという。

要するに、安重根は単なる偏狭《へんきょう》なナショナリストなどではなく、東洋の平和と日韓の友好をも願っていた、真の愛国者であったといえよう。伊藤博文も安重根も、ともに日韓友好・東洋平和を願っていたにもかかわらず、安が伊藤を暗殺してしまったのは、誤解がもたらした悲しい事件だったのである。

結果のみをとらえて安重根の行為を「愚行」と評価することもできよう。また暗殺という不当な手段に対する非難もやむを得ないものではあろうが、しかし、祖国のために一身をなげうったその愛国精神自体は、民族如何《いかん》を問わず、きわめて尊いものである。したがって、韓国人が安重根を民族の英雄として韓国の教科書に掲載し讃《たた》えるのであれば、それは十分に理解できる。

ただし、各教科書会社が作っているのは、あくまでも日本の教科書である。にもかかわらず、たとえば帝国書院（一七五頁）などは、日本の初代内閣総理大臣として日本の近代化に尽力し、大日本帝国憲法の制定に努めた伊藤博文についてはは特にコラムを設けていない一方、これを暗殺した安重根については『韓国の教科書にみる安重根』と題するコラムを設け、解説している。明らかにバランス感覚を欠いているといわざるを得まい。よって、修正ないし削除を要する。

第一、〝愛国心〟を否定的にしか捉えられない（と思われる）扶桑社を除く各教科書の執筆者が、本当に安重根の行為の真価を理解しているのかどうか、怪しいものである。ただ単に反日教科書作成のネタの一つとして彼を利用しているだけならば、それはむしろ日韓友好を願った彼の遺志に反するものとさえいえるのではなかろうか。安重根について記述するのであれば、そうしたこともよく考慮した上で記述すべきであろう。

○朝鮮を植民地支配したとの記述は修正ないし削除を要する

いずれの教科書も、わが国が朝鮮を植民地として支配したとの認識に立っている。植民地の定義にもよるが、ごく広く、母国民が移住している属領、などと解釈すれば、たしかに当時の朝鮮はわが国の植民地であったといえる。

しかし、通常「植民地支配」との文言からは、宗主国が母国の利益を図るために外地を支配し、入植者が現地人を虐げ、富を収奪する、といった印象を受けるが、日本と朝鮮との関係はけっしてそのようなものではなかった。

たとえば、後述のように、わが国は朝鮮で学校を建設して教育を施し、衛生を向上させ、産業の発展に努め、インフラを整備した。しかもこれらの財源は内地（日本本土）からの投資によるところが多く、朝鮮から利益を上げる、などとは程遠いものであった。

そして、朝鮮の王族や貴族はわが国の皇族や貴族に準じて遇せられていた。たとえば、ハーグ密使事件を起こすなど再三にわたりわが国の統治に反発し妨害してきた李太王（高宗）であっても、一九一九（大正八）年に薨去《こうきょ》された（亡くなられた）際には国葬に付され、日朝両民族がともに喪に服した。一九四五（昭和二十）年八月六日、李鍝《りぐう》公が広島で被爆死された際には、お付き武官の吉成《よしなり》弘《ひろし》中佐は責任を感じて割腹して殉死《じゅんし》し、京城《けいじょう》（いまのソウル）

では阿部信行《あべのぶゆき》総督はじめ各界要人が参列して丁重に葬儀が執り行われた。つまり、李王族はわが国の皇族同様に尊重されていたのである。この点、たとえばイギリスがビルマを植民地とした際、ビルマの国王夫妻を流刑とし、王子を処刑し、王女を身分の低いインド兵に与えた、というのとは全く異なる。

また、大阪書籍（一六〇頁）は「朝鮮の人々には選挙権を認めませんでした。」と記述しているが、内地に在住する朝鮮人には選挙権・被選挙権が認められており、朴春琴《ぼくしゅんきん》衆議院議員など朝鮮人が議席を獲得していた。そして選挙の実施こそ実現しなかったものの、一九四五（昭和二十）年四月には衆議院議員選挙法が改正され、朝鮮在住の人々にも選挙権が認められている（後に詳述）。

軍隊では、朝鮮人将校が日本人の兵士を率いることもあり、洪思翊《こうしよく》中将のように軍の中枢にまで上りつめた者もいた。

この点、ビルマ人議員が英国議会で議席を獲得し、あるいはインドネシア人将校がオランダ人兵士を率いたということがあったであろうか。通常のいわゆる植民地にあっては、原住民は完全に被差別的立場に置かれていたのである。

いずれの教科書も、わが国が朝鮮で進めた「同化政策」を否定的にのみ記述しているが、同化とは、要するに朝鮮人を日本人同様に遇しようということであって、たとえば、朝鮮人が帝国議会議員として国政に携わり、陸軍中将として軍の中枢で指揮をとることも認める、これが同化である。現地人が家畜同然に扱われたいわゆる「植民地支配」とは全く異なるのである（したがって、日本が朝鮮を「植民地支配」して「同化政策」を推し進めた、という記述は、日本が朝鮮を差別して差別をなくした、という矛盾した記述であるということもできよう）。

しかもわが国は、こうした同化政策を進めつつも、朝鮮の文化を否定し抹消することはなく、ハングルの普及に努めるなど、朝鮮固有の文化も尊重していた（後に詳述）。

そもそも、朝鮮半島がわが国の安全保障と深くかかわっていたことは、これまでにも再三述べたとおりである。にもかかわらず、わが国が朝鮮を「植民地支配」し、圧政を敷いて暴虐の限りを尽くせば、朝鮮の民心は離れてしまい、たとえばロシア（後にソ連）に付け入る隙《すき》を与えてしまうことになろう。そしてロシア（ソ連）がこれに乗じて朝鮮を支配するようなことにでもなれば、朝鮮と一衣帯水にある日本の独立や安全が脅かされてしまうのである。

現に、朝鮮在住の人々への参政権付与を求める朴春琴議員が、政府の煮え切らない態度に、議会でこう詰め寄る場面もあった。

「**日本は何時も優勢時代でおればよろしいけれども、事があった時にこの二千万**（**の朝鮮人**）**が味方になるか、敵になるかということを、わが国家として余程考えなくてはいくまいと思います。**」

（小熊英二『〈日本人〉の境界』三八一頁）

つまり、朝鮮を敵に回すということは、わが国にとって甚大なる脅威だったのである。そのような恐れもあってか、わが国の朝鮮統治は、各教科書の記述から想像されるような凄惨《せいさん》たるものではなく、きわめて穏当なものだったのである。

もっとも、そうした恐ればかりではない。韓国併合に際して、明治天皇は、『韓国併合ニ関スル詔書』を勅せられ、その中に、次の趣旨の施政方針が掲げられていた。

①**併合後も韓国皇帝と王族は相当の待遇を受ける。**
②**韓国民衆は明治天皇の慈愛の下**、**安らぎと幸福に満ちた生活を送ることができるように**したい。
③**太平**のもと、**産業や貿易を顕著に発展させるように**したい。
④**これらの目的を達成するために**、**朝鮮総督を置き**、**総督は陸海軍を統率し**、**諸般の政務**

を統括させる。

⑤（日本の）官僚・役人はこの趣旨を充分に理解し、かつ現地の実情を踏まえて政治を担当し、朝鮮民衆をして太平の喜びを感じることができるように努めよ。

（名越二荒之助『日韓共鳴二千年史』四〇五頁）

朝鮮統治は、基本的にこのような勅旨《ちょくし》に則《のっと》っておこなわれたのである。

以上から、日本と朝鮮との関係を宗主国と植民地との関係ととらえるのは不適切であろう。むしろ、今でもイングランドとスコットランド・ウェールズ・北アイルランドが共通の国王を戴いて「連合王国」（イギリス）を構成しているが、これに近い関係であったといえる。スコットランドはイングランドの植民地である、との認識が不適切であるように、朝鮮は日本の植民地であった、との認識もまた不適切なのである。

したがって、わが国が朝鮮を植民地支配したとの記述は、修正ないし削除を要する。

○日本が朝鮮の文化を否定し抹消した旨の記述は修正ないし削除を要する

わが国が朝鮮を統治する中で、朝鮮の文化を抹消しようとした旨を記述する教科書があるが、わが国はむしろ、朝鮮の文化を尊重し、保護していた。

たとえば、朝鮮文化の象徴ともいえるハングルの普及にも、大いに貢献している。

ハングルは、一四四六年、李氏朝鮮第四代国王・世宗《せいそう》により、官吏から庶民にいたるまで用いることのできる文字として公布されたものである。しかし、中国を中心とした中華文明の影響下にあった朝鮮では、漢字を用いることが文明の証であり、民族独自の文字を持つことは野蛮と考えられていた。また新しい文字を創ることは中国に対する謀反《むほん》として怒りを買う恐れがある、と考える両班《ヤンバン》（朝鮮の貴族）の反対が根強く、十六世紀初頭には、公的には用いられなくなった。

再び公的に用いられるようになるには、十九世紀末まで待たなければならなかった。当時、日清戦争に敗れた清国が朝鮮を独立国として承認したのをきっかけに、李王高宗が皇帝を称し、国名を大韓帝国に改めるなど、独立国としての体裁を整えるよう努めていた。その一環として、ハングルを民族の文字として公文書でも用いることとしたのである。これに伴い、漢字ハングル混交文の新聞・雑誌も数多く発刊された。

なお、それよりも以前からハングルの普及に尽力していた日本人、福沢諭吉《ふくざわゆきち》と井上角五郎《いのうえかくごろう》の労苦も忘れてはならない。

福沢は、朝鮮を発展させ清国からの独立へと導くには、まず朝鮮の識字率を高める必要があると考え、朝鮮固有の文字であるハングルに着目した。そこで、福沢の弟子であった井上が朝鮮政府に招聘《しょうへい》され、朝鮮に向かう前、福沢は、朝鮮語による新聞を発行する必要性を井上に諭した。新聞の発行は、清国官憲や両班などからの抵抗に遭い、困難を極めた。しかし、福沢自身も自費でハングル活字を作るなど協力した結果、一八八六年、朝鮮で初めての漢字ハングル混交文の新聞『漢城週報』の発行を実現させたのである。

その後、日本統治下に入った朝鮮でも、ハングルの使用が禁じられることはなく、朝鮮総督府はむしろハングルの普及に努めた。

たとえば、朝鮮総督府は一九一二（明治四十五）年に『朝鮮語辞典』の編纂《へんさん》に着手し、一九二〇（大正九）年にこれを刊行している。

また、学校教育の中でも朝鮮語教育が実施されていた。

一九一〇年の時点では、普通学校（小学校）は官立・公立・私立合わせて一七一校、就学者は約二万人程度であったが、その後建設を進め、一九四三年には三八五五校、就学者は約二百万人にまで増加した。

これらの普通学校では日本語が「国語」として教えられていたが、それとともに「朝鮮語」が必須科目とされ、ハングルも教えられていた。一九四一年以降、朝鮮語は必須科目ではなくなり、朝鮮語の授業を行うか否かは校長の判断にゆだねられることとなったが、それでもなお、多くの学校では朝鮮語の授業が引き続き実施された。

そのほかの授業は日本語で行われていたが、後に紹介するように、朝鮮の地理や歴史なども教えられていた。

最高学府でも、一九二四（大正十三）年に設置された京城帝国大学には、朝鮮語文学科などが設けられ、『古代朝鮮語と日本語』『朝鮮のこころ　民族の詩と真実』ほか数多くの著書を残した金《きん》思《し》燁《よう》博士などを輩出している。

つまり、「**朝鮮民族の習慣や文化を否定し**」（大阪書籍　一六〇頁）、「**韓国固有の文化や歴史を教えることは禁じられました。**」（帝国書院　一七五頁）、「**学校では朝鮮史を教えることを禁じ**」（東京書籍　一六〇頁）といった記述は、まったく史実を無視したデタラメであり、歴史を捏造《ねつぞう》した記述なのである。子供たちにウソを吹き込まないでいただきたいものである。よってこれら各社の記述は、修正ないし削除を要する。

○わが国が朝鮮の民生向上に尽力した事実を記述すべきである

扶桑社を除くいずれの教科書も記述していないが、前述のような教育振興のほか、わが国は朝鮮を統治する中で、大いにその民生向上に尽力した。

その成果をもっとも端的に示しているのが、朝鮮における人口増加である。一九一〇年には約一千三百万人であった朝鮮の人口は、一九四三年には倍の約二千六百万人にまで増加している。これは要するに、それだけの人口を養えるだけの産業が発展し、衛生環境が整ったことを意味している。

たとえば米生産高については、一九一〇年には約二億七千万円程度であったのが、灌漑《かんがい》整備により水田の面積あたりの生産量が増加し、さらに開墾・干拓を行って増産に努めた結果、一九三八年には約六億四千万円にまで伸びている。また麦生産高についても、一九一〇年には約五千八百万円であったのが、一九三八年には約一億三千万円にまで増加している。生産が増えたのに伴い、内地（日本本土）への移出も増加したのは確かであるが、いわゆる搾取《さくしゅ》といわれるようなものではなく、朝鮮人自身も潤ったことは、人口増加を見れば明らかであろう。食べるものもないのに人口だけが勝手に倍増するわけはないのである。

また、林業でも多大なる成果を残している。日本統治以前の朝鮮では、焼畑農業が行われる一方、日本のような植林文化がなかったため、山地の多くは禿山《はげやま》であった。そのため山林は保水力を失い、洪水あるいは干害が頻発し、農業生産の伸び悩みにもつながっていた。そこで寺内正毅《てらうちまさたけ》総督は、一九一一年に四六〇万本を植樹したのを皮切りに、その後、毎年約一千万本を植林し、一九二二年までに一億四千万本の植樹を行っている。

こうした第一次産業のほか、鉱工業など第二次産業も振興した。鉱業実質生産高は、一九一四年にはわずか約七十二万円であったものが、一九三六年には約五千万円にまで増加し、工業実質生産高は、一九一四年の約一億三千万円から、一九三七年には約八億七千万円にまで達している。

このような産業開発のために、インフラ整備も進められた。たとえば鉄道では、併合前の一九〇六年にようやく釜山～京城～新義州《しんぎしゅう》を結ぶ路線が完成した程度であったが、一九四二年には官営・私営合わせて約六千キロが営業していた。ほかにも港湾の拡充、電力開発、郵便・電信・電話などの通信施設の整備なども進められた。

衛生環境についても、わが国が朝鮮を併合した当時、病院数は十ヶ所にも満たなかったが、一九四〇年には一六一ヶ所に及んだ。こうして衛生環境が整えられた結果、コレラやペストが流行することもなくなり、人口が増加する一因となったのである。

しかも、こうした一連の施策にあたっては、朝鮮での租税収入よりも内地からの投資によるところが圧倒的に多かった。たとえば、一九四三年の時点での朝鮮財政における歳出が合計約二十二億円であったのに対し、租税収入はわずか約四億五千万円であり、その不足分は内地からの拠出によりまかなわれていた。つまり、搾取などとは程遠いものだったのである。

以上のようなわが国の朝鮮統治に対し、満洲事変の調査に当たったリットン調査団のアメリカ代表マッコイ少将は、京城に宇垣一成《うがきかずしげ》総督を訪ねた際、次のような感想を述べた。

自分は昨夜来、東洋における一つの驚異を発見した。それは今回の長い旅行における大きい収穫であった。同時に、自分の今日までの研究不足をしみじみと恥じている。何であるかといえば、朝鮮に対する全般的な認識の相違である。我々は、朝鮮というところは、地理的には大体満洲の延長であるから、相変らず匪賊が横行し、産業も振わず、赭土《あかつち》色の禿山《はげやま》の下で、民衆は懶惰《らんだ》の（＝怠けた　引用者註）**生活を送っているものとばかり思っていた。しかるに列車が一度鴨緑江《おうりょくこう》の鉄橋を越えるや、車窓に見え隠れする事々物々、みな我々の予想に反し、見渡す山河は青々として繁茂し、農民は水田に出て、孜々として**（＝一生懸命に　引用者註）**耕作に従事し、平壌その他工業地の煙突は活発に煙を吐き、駅頭に見える民衆は皆さっぱりとした衣服をまとい、治安はよく維持されて、なんらの不安もなく、群集は極めて秩序正しく行動し、かつその顔に憂色がなく、満洲に比べて実に隔世《かくせい》の感がしたのである。**

これはとりもなおさず、貴国の植民政策が妥当であって、歴代の総督が熱心に徳政を施された結果であることを卒直におよろこびすると同時に、今後における我々の朝鮮観を根本より改めるであろう。

（鎌田沢一郎『朝鮮新話』三三〇頁　原文は歴史的仮名遣い）

わが国の朝鮮統治の実態を正しく教えるのであれば、朝鮮統治の成果を中立の立場から客観的に観察したこのような発言こそ、コラムで紹介すべきであろう。

○土地調査事業を行って土地を奪ったとの記述は修正ないし削除を要する

以上のような施策にさきがけて、朝鮮総督府はまず土地調査事業を行った。

教育出版（一三二頁）、清水書院（一六八頁）、帝国書院（一七五頁）、日本書籍新社（一六三頁）、扶桑社（一七〇頁）は、この土地調査事業に触れているが、「**韓国併合後、総督府は土地調査をおこない、共有地などを『国有地』として、朝鮮の農民の土地をうばい、東洋殖産など日本の土地会社に安く払い下げた。**」（清水書院　一六八頁欄外）のように、いずれも否定的にしか記述していない。

しかし、朝鮮の実情を把握することは、前述の諸施策を行うためにも必要であり、また課税の適正化を図るためにも必要であった。

併合以前の韓国では、土地の近代的な所有権は確立されておらず、権利関係はきわめて錯綜《さくそう》していた。たとえば一つの土地に二重にも三重にも権利が重なっていることもあり、したがってその土地を耕す農民は、二重にも三重にも収穫が徴収され、農民の手元には何も残らない、ということも多かった。一方で隠田も多く、これらの土地は課税を逃れていた。このような不公平を解消することも必要だったのである。

土地調査の方法は、次のようなものである。

この調査では、政府は所定期間に地主に申告させ、境界には地主名、地目を書いた標識を立て、地主又はその代理人に立ち会わせた。その結果に異議のある場合は各道に設置する地方土地調査委員会に諮問して、土地調査局長が査定することとした。その査定に不服を有するものは、三十日の公示期間の後、六十日以内に高等土地調査委員会に不服を申し立て、更に特定の場合には決定の有った日から三年以内に再審を申し出る道を開いた。
（杉本幹夫『データから見た日本統治下の台湾・朝鮮プラスフィリピン』一六三頁）

要するに、地主立ち会いのもとで所有権を確定させ、異議があれば申し立てても認めて、錯綜する権利関係を整理していったのである。その結果、権利関係が重複していた土地では、一方の権利が認められれば、もう一方の権利は認められないこととなり、「朝鮮総督府に土地を奪われた」ということになったのであろう。

なお、朝鮮総督府自身が接収した土地もたしかにあった。そのなかで特に問題となっているのは、所有権が証明されずに接収された土地約一二万七千町歩（約一二六八平方キロメートル）であるが、これは当時の朝鮮の耕地面積約四八七万町歩（約四万八三〇〇平方キロメートル）のわずか〇・六パーセント足らずである。また、所有権が確定しないのであれば、国有地となってもやむを得ないであろう。いまの法律でも、無主の不動産、つまり所有権の確定しない土地は国庫の所有に属するものとされている（民法第二三九条二項）。

また、多くの農民が耕作地を追われた、との記述もあるが、水利が悪く不作が続く耕作地では、税金が滞っており、たまに収穫があると徴税官が徴税に来るので、地主も耕作者も逃げ出し、無頼の徒が勝手に入り込んで、無断耕作することもあった。その者が自らの所有権を証明できず土地を追われた、というのであれば、不法占拠者である以上やむを得ないことであろう。

したがって、「**朝鮮の農民の土地をうばい**」（清水書院　一六八頁欄外　傍点引用者）、「**多くの農民が土地をうばわれたため**」（帝国書院　一七五頁　傍点引用者）など、あたかも朝鮮総督府が正当な所有権を有する朝鮮人から不法に土地を強奪したかのような記述は修正ないし削除を要する。

むしろ、こうして土地調査事業を行い、土地の権利関係を整理した結果、租税の公正化が図られて、農民は二重、三重に収穫を徴収されることがなくなり、また土地利用のための売買も容易になったため、朝鮮の近代化を推し進めるための諸施策を行うのにも大いに資することとなった、という一面こそ評価すべきであろう。

○朝鮮や台湾の人々に選挙権を認めなかったとの記述は修正ないし削除を要する

大阪書籍は「**台湾と同様、朝鮮の人々には選挙権を認めませんでした。**」（一六〇頁）と記述しているが、この「朝鮮の人々」を「朝鮮人」と解釈すれば、明らかに史実に反する。前述のように、内地に在住する朝鮮人には選挙権・被選挙権が認められていたからである。

また「朝鮮在住の人々」と解釈したとしても、必ずしも正確な記述とはいえない。

たしかに朝鮮では、日本統治時代、衆議院議員選挙が実施されることはなかった。

しかし、一九四五（昭和二十）年四月、衆議院議員選挙法が改正され、十五円以上の直接国税を納める二十五歳以上の男子との制限はあったものの、朝鮮でも選挙が実施されることとなった（第一五一条）。朝鮮には二十三の定数が割り当てられている。なお、台湾でも五の定数が割り当てられており、この点でも、大阪書籍の記述は正確な記述とはいえない（自治省選挙部『選挙法百年史』三三六頁〜三三七頁参照）。

ちなみに、一八九八年にアメリカに併合されたハワイの人々に選挙権が認められたのは、ハワイがアメリカ第五十番目の州となった一九五九年である。それよりも早く、朝鮮や台湾では選挙権が認められたのである。

もっとも、選挙を実施する間もなく、一九四五（昭和二十）年八月十五日に戦争が終結し、ポツダム宣言受諾によって朝鮮が日本の施政下から離れたため、結果として朝鮮で選挙が実施されることはなかったが、もし実施されていれば、朝鮮在住の朝鮮人が帝国議会の衆議院に議席を獲得し、日本の国政に携わっていたのである。そうなれば、いずれ十五円以上の直接国税という制限も撤廃され、定数ももっと増やされて、まったく内地と同等になっていたかもしれない。

この事実は、前述のように、わが国と朝鮮との関係がいわばイングランドとスコットランドなどとの関係に近いものであり、イギリスとビルマ、あるいはオランダとインドネシアとの関係のような、いわゆる宗主国と植民地との関係ではないことを示す重要な事実である。

したがって、選挙権を認めなかったとする誤った記述を削除するのみならず、むしろ、日本と朝鮮の関係を正確に把握させるためにも、一九四五（昭和二十）年四月には選挙権が認められた旨を記述すべきであろう。

なお、地方レベルでは一九二〇年代から選挙が実施されていた。

朝鮮は、京畿道《けいきどう》はじめ十三の道からなり、道には道評議会が設けられた。その下に府（内地でいう市）や面（同じく町・村）があり、府には府協議会、面には面協議会が設けられた。この府協議会および一部の面協議会の協議会員は、選挙で選ばれていた。また道評議会でも、議員の三分の一は道知事の任命であったが、その他三分の二は、府・面協議会員などによる選挙で選ばれた。このように、朝鮮でも選挙が行われていたのである。

ちなみに、こうした選挙について、普通学校では次のように教えられていた。

皆さんはまた、道評議会や府・面協議会の議員の選挙の行われることをしっていますか。道評議会や府・面協議会は地方共同の利益を発達させ、衆民の幸福を増進するため、教育や勧業や土木や衛生等の仕事をするについて、いろいろな相談をするために設けられてあるのです。

皆さんも他日公民としてこの会議に加わる評議会員や協議会員となったり、あるいはこれを選挙したりすることが出来るのであります。評議会員や協議会員はいずれも公共の仕事の相談にあずかる大切な職でありまして、その人の適否は地方の幸福に大いなる関係があるのでありますから、性行の善良であって意見の正しい人を選ばなければなりません。金銭物品その他自己の利益のためにその本心をまげて選挙するようなものは、法律上処罰せられるのであります。なお他人に強いられて所信をひるがえしたり、あるいはみだりに投票を放棄するようなものも愛郷の念のないものというべきであります。また議員に選ばれたものは、その職責の重大なことを思い、熱心に共同の福利を図り、府・面の住民の信頼をむなしくして

はなりません。また公職の地位を利用して私利を図ったり、あるいはいたずらに部落の感情に駆《か》られ、党派的精神に支配されて、紛擾《ふんじょう》を起したりするようなものは、共に郷里を愛護するものではありません。皆さんは公民として、自分の府・面のことはすなわち自分のことと考えて、自らこれを治めなければなりません。

（『普通学校修身書　巻五（教師用）』二十六頁〜二十七頁　原文は歴史的仮名遣い）

いまの日本の教育では、「民主主義を尊重しましょう」とは教えていても、ここまで具体的かつ丁寧に、選挙の大切さや投票の際の心構え、議員に選ばれた者の職責の重大性について、教えられてはいないのではなかろうか。それが当時は、初等教育の段階から、修身の授業の中で、朝鮮でも教えられていた。もし、わが国にとって朝鮮、あるいは朝鮮人が単なる支配の対象であったならば、そのようなことは不要であるどころか、むしろ有害であるとさえいえよう。しかしわが国は、右のような民主主義教育を行い、朝鮮人の民主主義精神を育んでいたのである。こうした事実からも、わが国の朝鮮統治を「植民地支配」とする認識がいかに見当違いなものであるかが分かる。

それはともかく、こうした地方レベルでの選挙も含めれば、大阪書籍の記述は明らかに史実に反していることになる。いずれにせよ、修正ないし削除を要する。

また、こうして選挙まで行われていた以上、日本統治下の朝鮮で「**あらゆる政治活動を禁止し**」ていた（大阪書籍　一六〇頁）とする記述もまた史実に反するものであって、修正ないし削除を要する。

コラム　日本統治下の朝鮮の教科書

第五章で、日本統治下の朝鮮でも朝鮮語や朝鮮の歴史・地理などが教えられていたことを指摘したが、「百聞は一見に如《し》かず」ということで、ここでは、当時朝鮮で用いられていた教科書を紹介する。

本頁の上は**普通学校朝鮮語読本（巻一）**の表紙、下はその奥付、左頁はその内容。基礎から丁寧にハングルが教えられていた。

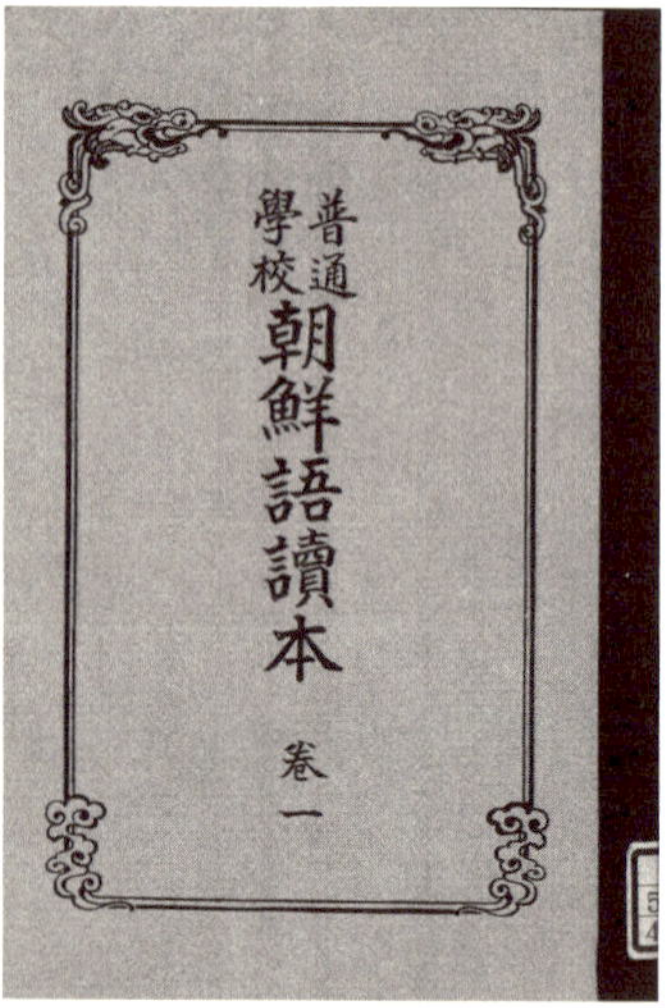

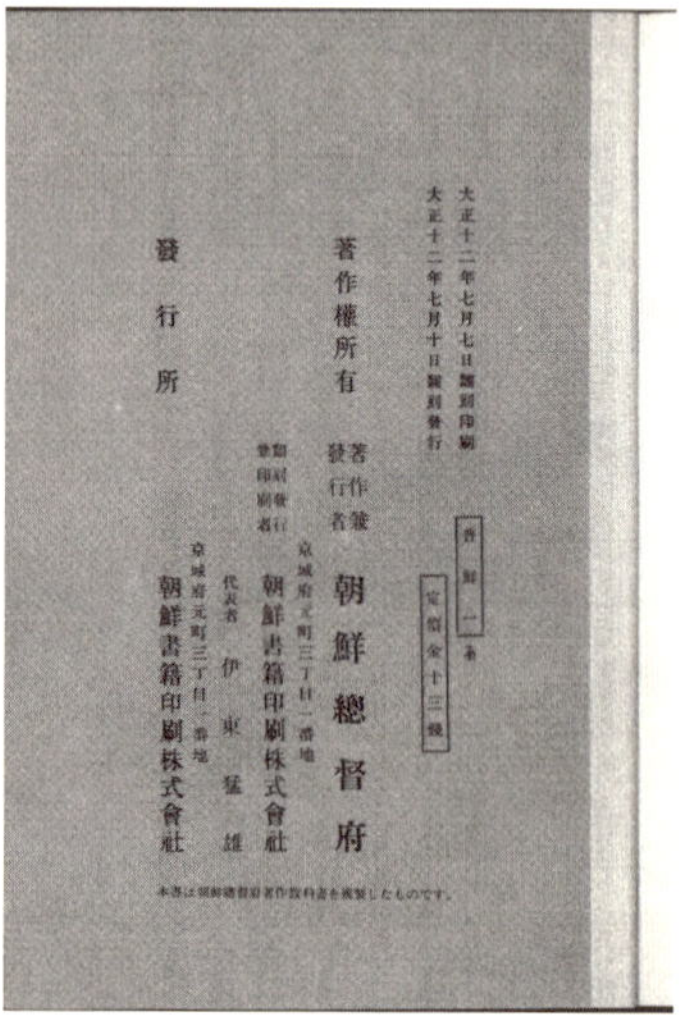

大正十二年七月七日翻刻印刷
大正十二年七月十日翻刻發行

定價金十三錢

著作權所有

著作兼發行者　朝鮮總督府

京城府元町三丁目一番地
翻刻發行兼印刷者　朝鮮書籍印刷株式會社
代表者　伊東猛雄

發行所　京城府元町三丁目一番地
朝鮮書籍印刷株式會社

本書は朝鮮總督府著作教科書を複製したものです。

十四

사모 소 모시

사모

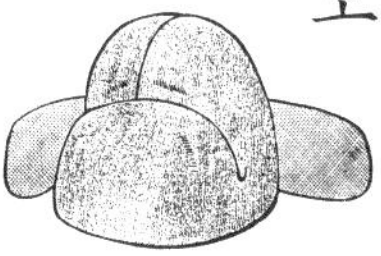

소

(應用)

모시

十五

가지 고초 자조바지초고치

가지

고초

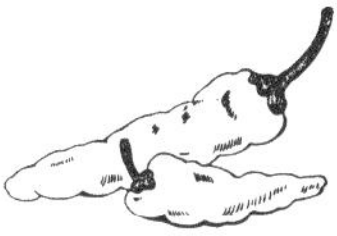

(字形比較) ㅅ,ㅈ。 ㅈ,ㅊ。

(發音比較) 사,자。 조,초。 지,치。

(應用) 자。 조。 바지。 초。 고치。

十九

ㅌ	ㄷ	ㄴ	ㅋ	ㄱ	ㅇ	
타	다	나	카	가	아	ㅏ
탸	댜	냐	캬	갸	야	ㅑ
터	더	너	커	거	어	ㅓ
텨	뎌	녀	켜	겨	여	ㅕ
토	도	노	코	고	오	ㅗ
툐	됴	뇨	쿄	교	요	ㅛ
투	두	누	쿠	구	우	ㅜ
튜	듀	뉴	큐	규	유	ㅠ
트	드	느	크	그	으	ㅡ
티	디	니	키	기	이	ㅣ
ᄐᆞ	ᄃᆞ	ᄂᆞ	ᄏᆞ	ᄀᆞ	ᄋᆞ	ㆍ

ㄹ	ㅎ	ㅊ	ㅈ	ㅅ	ㅍ	ㅂ	ㅁ
라	하	차	자	사	파	바	마
랴	햐	챠	쟈	샤	퍄	뱌	먀
러	허	처	저	서	퍼	버	머
려	혀	쳐	져	셔	펴	벼	며
로	호	초	조	소	포	보	모
료	효	쵸	죠	쇼	표	뵤	묘
루	후	추	주	수	푸	부	무
류	휴	츄	쥬	슈	퓨	뷰	뮤
르	흐	츠	즈	스	프	브	므
리	히	치	지	시	피	비	미
ᄅᆞ	ᄒᆞ	ᄎᆞ	ᄌᆞ	ᄉᆞ	ᄑᆞ	ᄇᆞ	ᄆᆞ

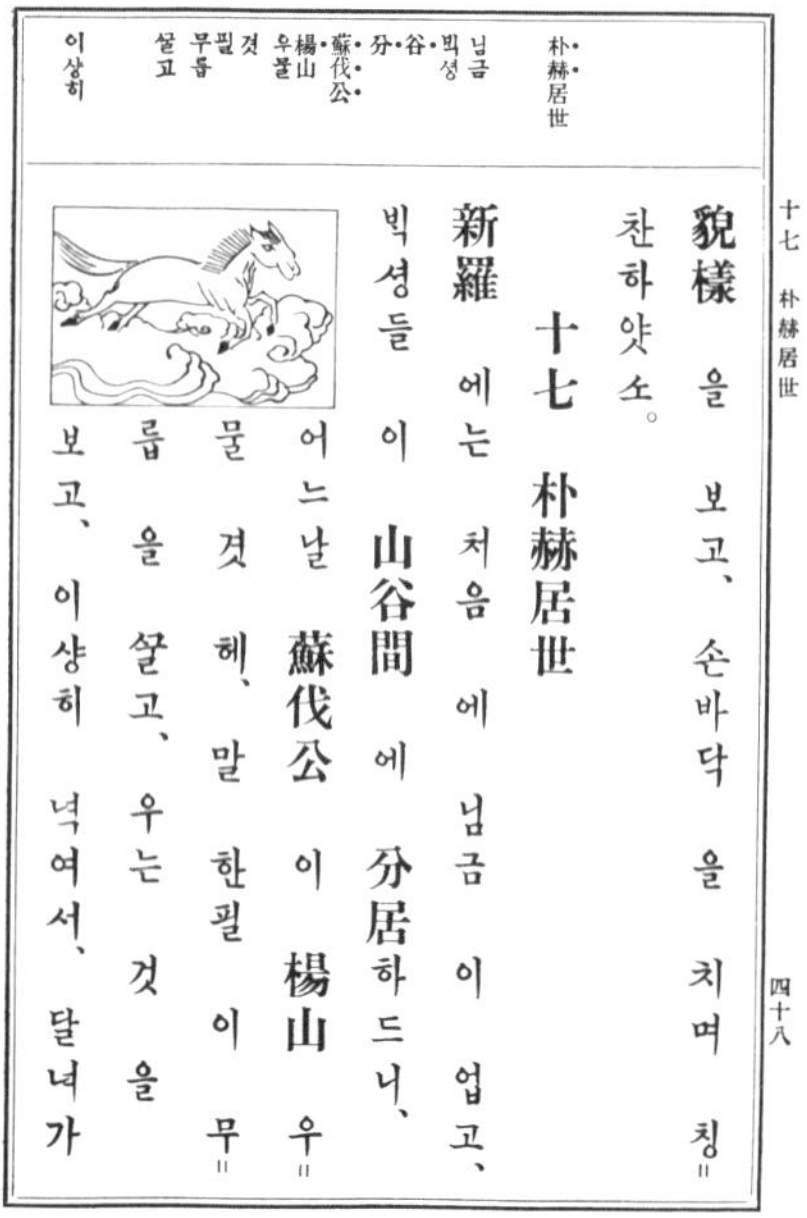

朴赫居世 님금 빅셩 谷 分 蘇伐公 楊山 우물 겻 필 무릅 꿀고 이상히

貌樣 을 보고、 손바닥 을 치며 칭〃 찬하얏소。

十七 朴赫居世

新羅 에는 처음 에 님금 이 업고、 빅셩들 이 山谷間 에 分居하드니、 어느날 蘇伐公 이 楊山 우〃 물 겻헤、 말 한필 이 무〃 릅 을 꿀고、 우는 것 을 보고、 이샹히 녁여서、 달녀가

박 쪼개엿드니 뜻밧게 외양 端正

본즉、 말은 하날로 올나가고、 다〃 만 박과 갓흔 큰 알 이 잇섯소」。 그 알 을 쪼개엿드니、 뜻밧게 그 속 에서 외양 이 端正한 어〃 린 兒孩 가 나왓소。 蘇伐公 이 깃버〃

普通学校朝鮮語読本（巻三）

朴赫居世《ぼくかくきょせ》とは、新羅《しらぎ》初代の王。

昔、天より白馬が降臨した。辰韓《しんかん》の蘇伐公《そばつこう》が揚山《ようざん》のふもとに向かうと、白馬のいた跡に卵があり、これを割ったところ、中から男児が生まれた。男児は十三歳にして辰韓の村長たちによ り、君主に据えられ、新羅の始祖となった、という伝説が描かれている。

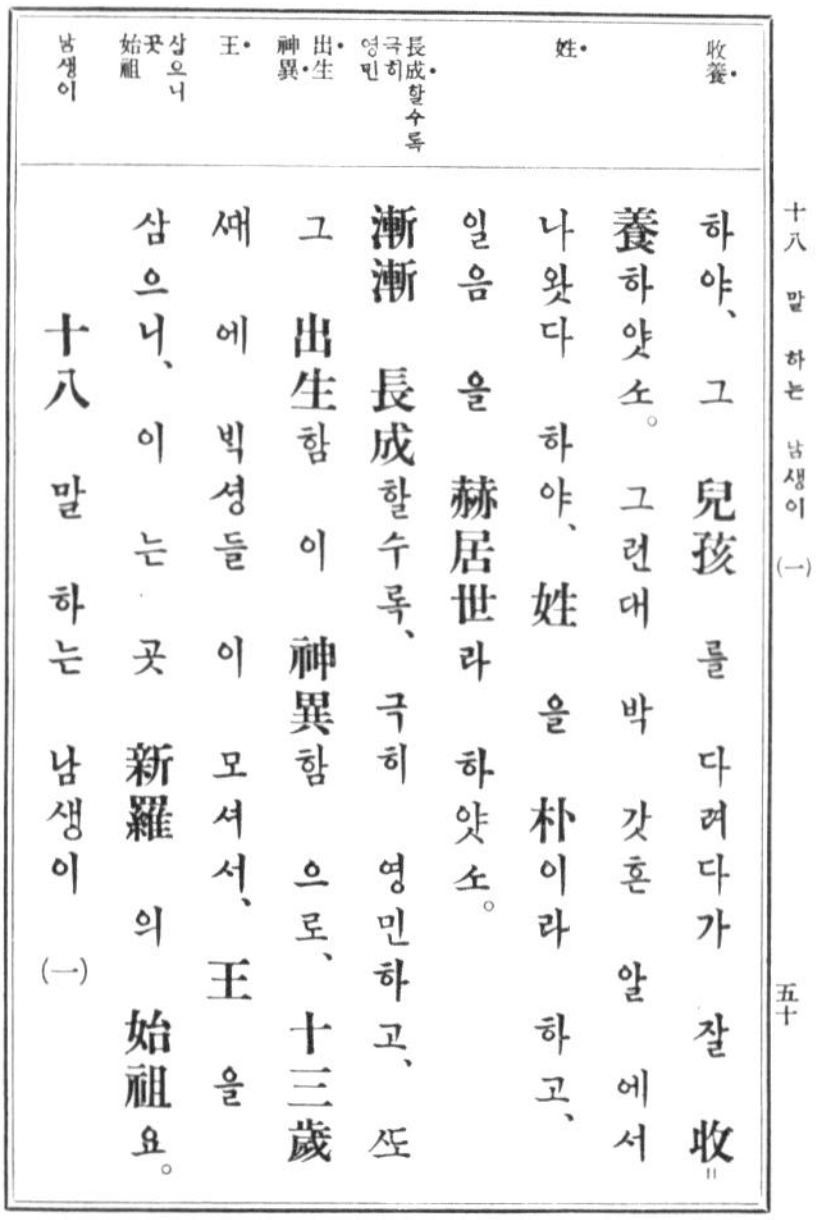

收養 姓 長成할수록 극히 영민 出生 神異 王 삼으니 곳 始祖 남생이

하야、 그 兒孩 를 다려다가 잘 收〃 養하얏소。 그런대 박 갓흔 알 에서 나왓다 하야、 姓 을 朴이라 하고、 일음 을 赫居世라 하얏소。 漸漸 長成할수록、 극히 영민하고、 또 그 出生함 이 神異함 으로、 十三歲 때 에 빅셩들 이 모셔서、 王 을 삼으니、 이 는 곳 新羅 의 始祖요。

十八 말 하는 남생이 (一)

되집혀
地勢・
東西
南北
陸地・
接・
갈녀나온
山脈
거긔서
妙香山、金剛山、五臺山、太白山
智異山・
名山

하고、그날밤車로아버지를모시고되집혀돌
아왓소。

第三　朝鮮의地勢

朝鮮은半島이니、東西가짤으고、南北이기오。
北쪽은陸地가相接하얏스나、東西南의三面
은다바다가둘녀잇소。
白頭山에서갈녀나온큰山脈은、半島를南北
으로쐬엿는대、거긔서多數한支脈이뻣쳐서、
妙香山・金剛山・五臺山・太白山・智異山等의名

內地・
勿論・
外國

山이되엿소。 그中에金剛山은世界에有名
한故로、內地는勿論이오、外國에서도求景하

上段　普通学校朝鮮語読本（巻四）
左　普通学校朝鮮語読本（巻二）

朝鮮の伝説のほか、地理や文化なども描かれていた。左の表題は「寒食《かんしょく》」。寒食とは、冬至から一〇五日目の日に、火を焚《た》かずに冷たい食事をした風習をいう。古代中国の故事に由来するものともいわれるが、韓国でも先祖の墓参りをする日として定着している。

山所・
절ᄉᆞ
지낸다
누구

러 가셧소。 슈남
이 집 에서 는、
山所 에 가서、
절ᄉᆞ 를 지낸다
하오。
아침 에、 아버지
말삼 이、 누구든

我、部、 붓채 걱구로 恰似、 山勢、雄壯 聳、雪、 싸여서 三伏 避暑

富士山은我國本州의中部에突立하얏스니、그놉히는一萬二千尺이나되고、그形狀은맛치붓채를펴서걱구로세워노은것과恰似하며、山勢가甚히秀麗하고雄壯하야、我國古來의名山이오。

峯頭는雲霄에聳出하얏고、山頂에는白雪이싸여서、四時長冬의景致를띄고잇슬뿐아니라、夏期에도淸涼하고景概가絕勝한故로、三伏中이되면、避暑를兼하야登覽하는사람이

霞、 만질 箇、湖水 沈

만으니、山頂에登臨하면遠近山川이눈에가득히보이며、雲霞는恒常下界에두고、碧空을손으로만질듯하오。또山腹에는八箇所의湖水가잇서서、千萬年以來의沈碧을流出하

普通学校朝鮮語読本（巻五）

ここに掲げたのは「富士山と金剛山」と題する文章。最後に、「富士山はその山容が雄壮秀麗であり、金剛山はその山姿が優美幽邃《ゆうすい》（物静かで奥深い）であって、ともに世界屈指の名山である」、と紹介されている。

日本語と韓国語は文法的にほぼ同じなので、漢字ハングル混交文ならば、ハングルを読めなくともある程度意味を把握でき、日韓両国がいかに文化的に近いかを実感できる。いま韓国では一部に漢字を復活させようとする動きもあるが、いっそう推進されることを願いたい。

潺潺 碎、瀑 仙境 姿、優 巒 毗

야、曲曲潺潺한水聲과玉碎花散하는瀑流는別天地를作하야、遊客으로하야곰塵世를써나서、仙境에서노는感想이들게하오。

金剛山은朝鮮의名山으로、江原道의東北部에聳立하얏스니、山姿가優美奇妙하고、石骨의峯巒이重疊한故로、世上에서一萬二千峯이잇다고말하며、其中에毗盧峯은此山의最高峯이니、놉히가六千尺이나되오。

山中에는奇巖怪石이千態萬像을呈하야、形

喩 壁、澗 澄 胸襟 舌、寫 皆 別名 갈여 蓬 繡、屛風 둘너친

喩하기어려운대、就中萬物相의景槪는觀光者의눈을恍惚케하며、石壁과谷澗에구비구비奔流하는飛瀑澄流는、사람의胸襟을爽快케하는대、特히九龍瀑의壯觀은筆舌로形寫하기어렵소。 此山은山骨이露出한고로、皆骨山이라는別名도잇스나、그巖石은거의다樹木에갈여잇는고로、또蓬萊山이라는名稱도잇고、가을이되면滿山樹葉이全혀紅葉으로變하야、錦繡屛風을둘너친듯한고로、또一

楓嶽 遊覽 泊

名을楓嶽이라하오。

또山中에古寺가만아서、山水의自然美를도으며、遊覽者의宿泊을便하게하오。

녜로부터「金剛山을보기前에는、山이야이를하지도말라」는俗談이생긴것도當

幽邃 共 指 薪、炭 煮炊

然한일이오。

富士山은그山容의雄壯秀麗함으로、金剛山은그山姿의優美幽邃함으로、共히世界의屈指하는名山이오。

第十七課 森林

薪·炭·材木等이總히森林에서產出함은、世人의共知하는바이라。 萬一森林이업스면、食物을煮炊하며、冬寒을防禦할薪炭도어들수업스며、家屋·器具等을製作할材木도어들수

義滿國體をないがしろにす

國體をないがしろにせるものといふべし。

朝鮮の太祖《たいそ》

武臣政をもつぱらにす

さきに平氏の盛《さかん》なりし頃高麗《かうらい》にては、毅宗《きそう》王位にあり。時に文臣と武臣との爭、いよいよ甚だしくなり、武臣は文臣を捕へて其の多くを殺し、遂には王をも弑《しい》するに至れり。これより武臣の勢はしだいに盛となりしが、

崔氏

崔《さい》忠獻《ちゆうけん》の出でて勢力をにぎりしより、其の子孫は代々武臣の長として、ながく政治をもつぱらにせり。高麗《かうらい》の蒙《もう》古《こ》に服せしはあたかも此の頃なり。

倭寇

足利氏が政治を行ひしはじめ頃より、内地の沿海《えんかい》の民

は海を渡りてしきりに朝鮮・支那《しな》の沿岸《えんがん》を荒《あら》せり。人々之を倭寇《わこう》と呼びて大いに恐れたり。高麗《かうらい》は兵を出してしばしばこれを討ちしも、功なかりき。

李成桂と鄭夢周

後龜山《ごかめやま》天皇の御代の頃、支那《しな》にては元衰《げんおとろ》へ明新《みんあらた》に起れり。高麗《かうらい》の朝臣《てうしん》は、明《みん》に仕へんとするものと、もとの如く元《げん》に仕へんとするものとの二派に分れしが、遂に明《みん》に仕へんとする李成桂《りせいけい》・鄭夢周《ていむしう》等の勝となれり。後二人の間に不和を生じ、夢周《むしう》は成桂をのぞかんとしてかへつて殺されたり。

朝鮮の太祖

李成桂《りせいけい》は咸鏡南道《かんきやうなんだう》に生る。賢明にして力強く、よく弓を射たり。高麗《かうらい》に仕へ、北方の女眞《ぢよしん》を服し、又倭寇《わこう》を撃《う》ちて

功あり。夢周《むしう》の殺されたる後は、政權全く其の手にあつまり、後龜山《ごかめやま》天皇の元中《げんちゆう》九年（紀元二千五十二年）遂に高《かう》麗《らい》王を廢して王となる。これ朝鮮第一代の王太祖《たいそ》なり。太祖《たいそ》は使を明《みん》につかはし、王號ならびに朝鮮の國號を稱《しよう》するゆるしを受く。これより後、新王、位に即くごとに明《みん》のゆるしを受けたり。太祖《たいそ》は都を開城《かいじやう》より京城《けいじやう》にうつし、景福宮《けいふくきゆう》を營《いとな》み、在位七年にして位を讓《ゆづ》れり。

朝鮮の盛時

太祖《たいそ》より以後約百年の間は國内太平にして、人々其の業に安んじ、朝鮮の盛時《せいじ》と稱せらる。其の間に活字《くわつじ》の製《せい》作ありて、多くの書籍《しよせき》印刷《いんさつ》せられ、學問大いに進歩せり。諺文《おんもん》もこの頃つくられたり。

本頁　普通学校国史（上巻）
左頁　普通学校地理補充教材

国史（歴史）や地理の授業でも、朝鮮の歴史や地理もあわせて教えられていた。「朝鮮の太祖」の項では、李成桂《りせいけい》が倭寇《わこう》討伐で功績を挙げた偉業も紹介されている。「朝鮮の歴史を教えることを禁じた」とする教科書の記述とは程遠い実態がわかる。

三道に分たれ、更に其の下に十二府、二百十八郡、二島あり。

第一　地方誌

一　中部朝鮮（京畿道・江原道・黄海道）

地勢

日本海方面は山地多くして平野少きも、京城灣《わん》に面する地方は漢江の流《りう》域《ゐき》に沿ひ、平野所々に開け、農業盛なり。又北部には鐵原臺《だい》地あり。

山脈

太白山脈中には有名なる金剛山・五臺《だい》山・太白山等あり。金剛山には萬《ばん》物《ぶつ》相《さう》・九《きう》龍《りゆう》淵《えん》等の勝《しよう》景《けい》、溫井里の

金剛山の一勝地

河川

溫《をん》泉《せん》あり。漢江は長さ凡そ百三十里、太白山より發し、鐵嶺より出づる北漢江を合し、下流にて臨《りん》津《しん》・禮《れい》成《せい》の二江を容《い》れて京城灣に入る。河口に江華島あり。

海岸

東海岸は山地海にせまりて港灣にとぼしけれども、西海岸は港灣・島嶼に富み、潮《てう》汐《せき》干《かん》滿《まん》の差は三十餘尺に及び、干《ひ》潟《かた》甚だ廣ければ、沿岸一帶製鹽に適す。

交通

東方の山地は交通不便なるも、鐵道に沿へる地方は交通開けたり。京城は朝鮮地方交通の中心にして、主要なる道路は多くこゝより發し、自動車の便亦少からず。利川は南部に於ける自動車通路の要《えう》驛《えき》なり。

漢江は水運の利多く、南漢江は永春まで、北漢江は春川まで舟を通ず。東海岸は交通なほ開けざれども、西海岸は仁川を中心として、内外の諸港に定期の便船あり。

産業

京畿道の産《さん》業《げふ》は農業を主とし、米・大豆・煙草を多く産し、長《ちやう》湍《たん》の大豆、開城の人蔘、廣州・龍仁の煙草は古より名高し。近年繭の産出漸く多し。牛の飼養盛にして、永登浦に大いなる皮革會社ありて牛皮を産す。西海岸は製鹽行はれ、朱《しゆ》安《あん》・南陽共に名あり。

紅蔘

人蔘栽培の圖

下段　普通学校漢文読本（第六学年用）

歴史的に漢文が主に用いられていた朝鮮では、第五学年から漢文も教えられた。朝鮮での教育事業を「愚民化政策の一環」と捉える声もあるが、愚民化どころか、立派な英才教育といえよう。

左頁上段右　九十四頁〜九十五頁　児童用

普通学校修身書（巻一）

左頁上段左・下段　同教師用

「修身＝軍国主義」とのイメージが強いが、実際には、ここに掲げたように、子供の人格育成を主眼としたものである。「おじいさんやおばあさんを大切にしましょう」というのが軍国主義的だろうか？

하야 氣候極冷이라 是以로 寒熱兩帶之人은 不堪
其苦호대 惟溫帶는 最宜於人生也ㅣ니라

第六十二課　學問

學問之法은 讀書에 必明書中之理니 若口誦
而心不解면 讀書何益고 雖非讀書之時라도 凡
目中所見事物이 其理甚繁하니 宜隨時硏鑽이라
此所謂學也ㅣ오 心有所疑어든 必就父兄師長而
問焉하나니 不獨此也ㅣ라 農事는 問之農하고 商事

는 問之商하고 工事는 問之工이라 此所謂問也ㅣ니
學矣問矣ㅣ댄 天下之理를 何患不知也ㅣ리오

第六十三課　親戚稱呼

母之父母ㅏ 爲外祖父母ㅣ오 母之兄弟ㅣ 爲外
叔이오 母之姊妹ㅣ 爲姨母ㅣ오 外叔之子ㅣ 爲外
從兄弟오 姨母之子ㅣ 爲姨從兄弟니라
姑母之子ㅣ 爲內從兄弟오 姊妹之子ㅣ 爲甥
姪이니라

第十三　オ祖父サントオ祖母サン

目的

祖父母ニ對スル心得ヲ授ケ、ヨク祖父母ヲ敬ヒ、ヨク祖父母ニ從順ナルヤウ心掛ケサセルノガ本課ノ目的デアル。

說話要領

男ノ子ハオ祖母サンニ繪本ヲ見セテ居マス。コノ子供ハ、自分ガ見テ面白カツタカラ、オ祖母サンニ見セルノデス。女ノ子ハオ祖父サンニ眼鏡ヲ持ツテ來テ渡シ

第十三　할아버지와할머니

目的

祖父母에게對한注意를敎하야祖父母를尊敬하고祖父母의命令을順從케함이本課의目的이니라。

說話要領

사내兒孩는할머니쎄그림책을보여들이고잇소。이兒孩는自己가그것을보고滋味가잇는故로할머니쎄보여들이는것이오。계집兒孩는할아버지쎄眼鏡을갓다들이

十三

テ居マス。オ祖父サンニモ一緒ニ繪本ヲ見セルノデス。

コノ子供ハコノオ祖父サン、オ祖母サンノ孫デス。オ祖父サンヤ、オ祖母サンハ大層コノ子供ヲ可愛ガツテ居マス。コノ子供モオ祖父サンヤオ祖母サンヲ大切ニシテ、能クソノ言フコトヲ聽キマス。コノ子供ハ今行儀ヨク坐ツテ居マス。

オ祖父サンヤオ祖母サンハ、オ父サンヤオ母サンノ親デアリマスカラ、オ父サンヤオ母サント同ジ

오。할아버지쎄도그림책을함쎄보시게하는것이오。

이두兒孩는이두老人의孫子와孫女오。할아버지와할머니쎄서는、孫子와孫女를大端히貴愛하시오。이두兒孩도祖父와祖母를極히尊敬하고닐으시는말삼을잘듯소。이두兒孩는至今端正히모시고안젓소。

祖父母는父母의父母이신즉、父母와갓치恭敬하고、쏘그닐으시는말삼을잘들어야하오。더구나祖父

ヤウニ之ヲ敬ヒ、又ソノ命令ヲ守ラナケレバナリマセン。殊ニオ祖父サンヤオ祖母サンハ、一年毎ニ身體モ衰ヘテ、手足モ不自由ニナリ、目モ見エナクナリ、耳モ聞エスヤウニオナリナサルノデスカラ、大切ニシテ決シテ、邪慳ニスルヤウナ事ガアツテハナリマセン。

オ祖父サンヤ、オ祖母サンノ外ニ、一家ノ中ニ目上ノ人ガアルナラバ、又ソノ人タチニモ禮儀ヲ守リ、ソノ命令ヲ聽カナケレバナリマセン。

母는、해마다몸이衰弱하야、手足도自由롭지못하고、눈도어두어지고、귀도어두어지시는故로、極히爲하야들이고、決코自激之心이나지아니하시도록하야야하오。

할아버지나、할머니外에、집안어룬이계시면、그어룬들쎄도극히恭敬하고、그말삼을잘들어야하오。

十九

ゴミ ヲ
ミチ ニ
ステル ト、
トウル ヒト ガ
メイワクシマス。

쓸에기 를
길 에
버리면、
단기는 사람 이
실혀하오。

二十

コノ コ ハ
トナリ ノ
オジイサン ニ
アイサツ ヲ
シテ イマス。

이 ᄋᆞᄒᆡ 는
이웃
로인 에게
인ᄉᆞ 를
엿주오。

二十一

コドモ ガ
ヒト ニ
ミチ ヲ
オシエテ
イマス。

ᄋᆞ희 가
사람 에게
길 을
가르치오。

二十二

ゴラン ナサイ。
「ヒダリガワ ヲ
トウレ」。
ト、カイテ
アリマス。

저 것 보시오。
「왼편 으로
가시오」。
라고、
쓰여잇소。

六 昔《せき》脫《だつ》解《かい》

一、金《きん》の小櫃にこめられて、
はるぐ海《うみ》に流《なが》さるゝ
昔脫解《せきだつかい》はどこへ行く。
金官國《きんくわんこく》を漂《たゞよ》へど、
人々《ひとびと》怪《あや》しみ近《ちか》よらず。

二、金《きん》の小舟《こぶね》に棹《さを》させば、
夕月照《ゆふづきて》らす海の上、
昔脫解《せきだつかい》はどこへ行く。
向《むか》ふの岸《きし》の阿珍浦《ちんぽ》口《こう》、
聲朗《こゑほが》かにがちが鳴く。

三、正直老婆《しやうぢきらうば》にたすけられ、
揚山麓《やうさんろく》に智《ち》をみがく
昔脫解《せきだつかい》は王《わう》のするゑ。
やがて學《がく》成《な》り、ほまれえて、
その名《な》は高《たか》し、新羅王《しんらわう》。

普通学校補充唱歌集

朝鮮の偉人は唱歌でも紹介されていた。昔脱解《せきだつかい》については、次頁の国語読本の記述を参照されたい。国語の教科書も内地とは異なるものが用いられ、朝鮮の伝説なども紹介されていた。

次頁　普通学校国語読本（巻六）

第五　昔脱解

新羅《しらぎ》の王に昔脱解《せきだっかい》と申す方がありました。王の父は多婆那《たばな》國の王でしたが、脱解が七年の間母の胎内に居て、大きな卵でうまれましたから、「不吉だ。海にすてよ。」ときびしく命じました。母は泣く〳〵其の卵をきぬにつゝんで、たから物と一しょにきれいな箱に入れて、海に流しました。

箱は流れ〳〵て金官《きんかん》國に着きました。此の國では其のまゝにすてておきました。箱は又流れ〳〵て新羅の國に着きました。一人のおばあさんがこれを見つけて引上げて見ますと、箱の中には王のような男の子が居ました。おばあさんは大そう喜んで、自分の子にして育てました。脱解はだん〳〵大きくなりました。魚をと

ることが上手で、毎日海へ出てはたらきました。そうして親切におばあさんをやしないました。或日おばあさんは脱解を呼んで、いろ〳〵脱解の身の上を話しました。そうして「今から學問に志してりっぱな人になれ。」と教えました。其の後脱解は一心に學問をはげみましたので、程なく人に知られて來ました。そこで

國王は脱解をお召しになって、まつりごとの御相談をなさいました。脱解は六十二歳《さい》で王位をつぎました。今の月城は此の王様がおすまいになった所だと申します。

第六　石工

かっちん〳〵石をきる。
めがねをかけて、石をきる。

四 成三問

一、學の道の　杖となり、
知識の庫《く》の　鍵《かぎ》となる、
我が諺文は　誰《た》が作《さく》ぞ

二、王命帯びて、遼東に
學者訪ぬる　十《じふ》三《さん》度《ど》、
苦《く》心重ねし　成三《さん》問

三、婦女子の文字と　捨てられし
星霜過ぎて　五《ご》百年《ねん》、
勳は文の　花《はな》と咲く。

成　三　問

普通学校補充唱歌集

成三問《せいさんもん》とは、李朝第四代国王・世宗の命を受けてハングル（諺文《おんもん》）の創製に尽力した人物。その偉業が唱歌として紹介されていることからも、朝鮮総督府がいかに朝鮮の文化を尊重していたかがわかる。

九　金剛山　一四五

九　金剛《こんがう》山《さん》

一、一萬《いちまん》と二千《にせん》の　山々を見下《みおろ》し、
大空《おほぞら》に聳《そび》ゆる　毘盧峰《びるほう》の頂《いただき》。
虎《とら》か獅子《しし》か、　仙人《せんにん》か鬼神《きしん》か、
立《た》てるすがた　面白《おもしろ》や萬物相《ばんぶつさう》。

二、千年《せんねん》の森林《しんりん》　陰暗《かげくら》く繁茂《はんも》し、
どう／＼と響《ひゞ》くは　九龍淵《きうりうえん》の瀧《たき》つ瀬《せ》、
奇岩《きがん》あまた　荒波《あらなみ》に衝《つ》き立《た》ち、
眞帆《まほ》や片帆《かたほ》　見《み》え渡《わた》る海金剛《うみこんがう》。

三、これぞこれ朝鮮《てうせん》　金剛《こんがう》の山景《さんけい》。
金剛《こんがう》を見《み》ずんば　天下《てんか》の景色《けしき》を
語《かた》るなかれ。　皆《みな》行《ゆ》きて見《み》よ見《み》よ、
たぐひ知《し》らぬ　造化《ざうくわ》の妙技《めうぎ》を。

金　剛　山

九　金剛山　一四四

普通学校補充唱歌集

偉人のみならず、ここに掲げた金剛山、白頭山をはじめ、鴨緑江《おうりょくこう》、京城、釜山港など朝鮮の名所や都市なども歌になっていた。

一○ 白頭山

一、거룩다저北에웃뚝서잇서、
흰구름을헤치고구버보면서、
半島의모든뫼를어루만지는、
崇嚴한白頭山은朝鮮의名山。

二、풀은머리희도록永遠히서서、
寒風이불어올가빗막으면서、
悠久한歷史를속깁히품은、
神祕한白頭山은朝鮮의名山。

三、깁고맑은하날꽃을머리에이고、
洋洋한鴨綠豆滿일워주면서、
千古의大森林을띄고서잇는、
雄壯한白頭山은朝鮮의名山。

六 運《うん》動《どう》會《かい》

一、指《ゆび》折《お》り数《かぞ》えて 待《ま》って居《い》た、
今日《きょう》はたのしき 運動會。
旗《はた》とりかけくら 元《げん》氣《き》よく、
みんなで一《いっ》しょに 遊《あそ》びましょう。

二、遊《あそ》ぶときには よく遊《あそ》び、
からだきたえて、 よく學《まな》ぶ、
もといをつくる 運動會。
みんなで一《いっ》しょに 遊《あそ》びましょう。

運動會

普通学校補充歌唱集

朝鮮の学校にも運動会や遠足があった。凄惨な「植民地支配」などとは程遠い、ほのぼのとした温かい学校生活の情景が目に浮かぶ。

左頁上段　普通学校国語読本（巻一）

エ　ソ　マ　カ

エンソク。

ヤマ。

カワ。

チ　ム

ミチ。

ハシ。

ムラ。

十一

冬季遠足

第六章　満洲事変

○満洲事変を「侵略」とする記述は修正ないし削除を要する

満洲事変は、関東軍（満洲に駐屯していた日本陸軍部隊）の将校が仕組んだ鉄道爆破事件（柳条湖《りゅうじょうこ》事件）に端を発する中国・国民党との武力衝突である。そうした発端だけを取り出して見れば、わが国に全面的に非があったように見えるが、事件に至る背景には、わが国が満洲に保有する権益に対する度重なる侵害や、在満洲邦人に対する迫害の頻発があったことを無視してはならない。

日露戦争で勝利を収めたわが国は、ポーツマス条約によって、ロシアが満洲に保有していた南満洲鉄道（満鉄）やこれに付属する炭鉱などの経済権益を譲り受け、清国もこれを承認した。これらを経営するため、多くの日本国民が満洲に移り住んでいた。

その後、一九一二年に清国が滅び、帝政は廃止され、共和制による中華民国が成立した。その初代大総統・袁世凱《えんせいがい》が権力の座にあった時期は、中国国内は比較的安定していたが、一九一六年、彼が帝政を復活し、みずから中華帝国の皇帝に即位したところ、地方軍閥や、中央政府内部からも反発を受け、反袁運動が沸き起こった。結局彼はこれを断念し、その後まもなく死去したが、一旦乱れ始めた秩序は回復することはなかった。中央政府は分裂し、地方軍閥が相次いで中央政府からの独立を宣言するなど、中国は統一性をもたない戦国動乱の様相を呈していったのである。

そうしたなか、満洲では張作霖《ちょうさくりん》が頭角を現し、奉天《ほうてん》派軍閥を掌握した。そして一九二二年五月十二日には、東三省《とうさんしょう》（奉天《ほうてん》省〔＝いまの遼寧《りょうねい》省〕・吉林《きつりん》省・黒龍江《こくりゅうこう》省＝満洲）の独立を宣言した。後に満洲国が成立する十年も前に、張もまた満洲の独立を宣言しているのである。そして満洲に権益を保有していたわが国は、満洲の安定を望み、彼を支援していた。

満洲に足場を固めた張は、満洲だけでは満足せず、北京政府の支配をも目指し始めた。満洲が中国本土の内乱に巻き込まれることを懸念するわが国はこれを思いとどまらせようとしたが、中国制覇の野望をたくましくする張は、その希望に反して内乱の渦中《かちゅう》に飛び込んでいった。そうした思惑の違いもあって、確固たる勢力を保持するにいたった張はかえって日本を疎んじるようになり、わが国との関係に軋《きし》みが生じ始めたのである。いわば、親の庇護《ひご》を受けて育った子供が、大きくなるにつれて次第に口やかましい親を疎んじるようになってきた、といったところである。

〝反抗期〟を迎えた張は、育ての親ともいうべき日本に危害を加え始めた。満鉄の並行線を建設して満鉄経営の妨害を企んだのをはじめ（並行線の建設は日中間の条約で禁止されていた）、日本企業に対する不当課税、日本が満洲の炭鉱で採掘した石炭の不買運動といった排日運動をさかんに行ったのである。ちなみに、満鉄の並行線の建設には、アメリカの資本が投入されていた。つまり、日米開戦をさかのぼること十年以上も前に、すでにアメリカ側の不法行為によって、日米の対立は始まっていたのである。

このような張作霖の横暴に対し、日本政府はあまりにも寛容であった。あくまでも張作霖を支援し、彼に満洲を治めさせ、治安の安定をはかり、日本が満洲に保有する権益を保全しようとしていたのである。

その後彼は、一時は北京政府を支配し、一九二六年には大元帥に就任して、みずから中国の元首をもって任じるまでにいたったが、北伐を開始した国民党軍に敗れ、北京を撤収し、満洲へ向かった。この途上、彼の乗った特別列車が爆破され、彼が殺害される事件が起こった。

この張作霖爆殺事件については、これまで関東軍将校の河本大作《こうもとだいさく》が実行したものとされてきた。張作霖の横暴に対して日本政府があまりにも寛容であったために、満洲の地にあって危機感を肌で感じていた彼が、張作霖を倒さない限り満洲の平穏はないと考え、これを暗殺した、というものである。

しかし最近になって、これをソ連の特務機関による犯行であるとする見解が浮上してきている。

一九二四年九月十日、張作霖とソ連政府は中国東北鉄道条約を締結し、同鉄道は双方による共同経営となった。こうしてソ連は張作霖と友好関係を結んだが、のちに張作霖は多額の鉄道使用代金を滞納し、さらには実力で鉄道を掌握するなどソ連に敵対的態度を示したことで、友好関係は破綻《はたん》した。そして一九二六年、ソ連は張の暗殺を図ったが、失敗に終わった。その結果、張はいっそう敵対的行動を強めた。ソ連との外交関係を断絶して、ソ連関係機関に対する挑発行為を加速させ、ライバルであった蒋介石と協力して共産主義者を徹底的に弾圧し、さらには匪賊《ひぞく》までも利用してソ連領内への襲撃を行ったのである。そこでソ連は、再度暗殺を試み、今度は成功した。これが張作霖爆殺事件だ、というものである。(『正論』二〇〇六年四月号所収、ドミトリー・プロホロフ「『張作霖爆殺はソ連の謀略』と断言するこれだけの根拠」参照)

真偽のほどは定かではないが、こうした見解が存在する以上、「**関東軍が、満州の軍閥・張作霖を爆殺するなど満州への支配を強めようとすると、**……」(扶桑社　一九六頁)のように、関東軍の犯行であると断定的に記述すべきではなかろう。また、仮に関東軍将校の河本大作が実行したものであったにせよ、これは、あくまでも河本個人がわずか数名の同志とともに、関東軍にさえ知られることのないよう極秘裏に実行したものと考えられており、関東軍が実行したとする記述はやはり誤りである。よって修正を要する。なお、この扶桑社の記述は、教科書検定の際、文部科学省の教科書調査官の意見にしたがってやむなく書き加えられたものであることを、扶桑社の教科書執筆者の名誉のため付記しておく(『正論』二〇〇六年四月号所収、藤岡信勝「張作霖爆殺事件の不可解性」六十九頁参照)。

亡父張作霖のあとを継いだ張学良《ちょうがくりょう》もまた、激烈な排日活動を行った。

彼は、それまで独自の軍閥勢力を保持してきた父の方針を変更し、国民党に服属することとした。なお、彼が国民党に服属したのに伴い、満洲に青天白日旗《せいてんはくじつき》(国民党政府の旗)が翻《ひるがえ》った。これを易幟《えきし》という。

不平等条約の撤廃や、諸外国が中国国内に有する権益の回収を目指す国民党は、正当な手段によるのではなく、経済的ボイコットを行い、排外宣伝を行って中国民衆の心に排外意識を植え付けるなど、不当な手段でこれを成し遂げようとしていた。そして北伐のさなか、南京事件（のちのいわゆる南京大虐殺ではない）や済南《さいなん》事件といった日本人居留民への襲撃事件をひき起こし、数多くの日本人を暴行・虐殺し、略奪を行っていた。張学良は、そうした国民党と共闘して、いっそう日本を迫害したのである。

さらに、こうした満洲の混乱に乗じて、中国人を中心とする共産パルチザン（極左暴力革命集団）もさかんに活動した。

共産パルチザンとは、世界中で共産主義革命をひき起こそうと企てるコミンテルン（共産主義インターナショナル）の指令を受けて活動した暴力革命集団である。共産主義とはもともと、暴力によって国家・社会を転覆し、革命を成し遂げようとする思想なので、共産パルチザンはきわめて暴力的であった。コミンテルンが発足した一九一九年以降、彼らはしばしば暴動を起こし、暴行、略奪、放火、破壊、殺人を行っていたが、一九二八年以降、いっそうその活動が活発化した。なかでも一九三〇（昭和五）年に間島《かんとう》省で起こった暴動では、共産パルチザンは日本領事館や停車場、鉄道などに放火し、四十四名もの邦人を殺害した。

このような満洲の危機的状況にもかかわらず、なおも日本政府は、幣原《しではら》外交と呼ばれる国際協調外交を基調とし、実力による解決をためらって、真剣に対処しようとはしなかった。

そうした態度に業を煮やした関東軍が、ついに一九三一（昭和六）年九月十八日午後十時過ぎ、鉄道を爆破し、これを中国側のしわざであるとして、軍事行動に出たのである。これが柳条湖事件である。

軍事行動に出るや、関東軍は電撃的に軍を進め、翌十九日早朝には奉天全市を制圧した。

この関東軍の行動に対し、時の若槻《わかつき》内閣は不拡大方針を決定したが、国民世論やマスコミは圧倒的に関東軍を支持した。そうした世論に押され、九月二十二日、政府も閣議で出兵を支持した。

そして、わずか十日で奉天、長春《ちょうしゅん》、吉林などの張学良軍を制圧し、翌年二月までには全満洲をほぼ制圧した。

関東軍がかくも容易に軍を進めることができた理由の一つに、満洲の人々の支持があった。

張学良の軍閥政権は後世の史家から「私兵を養い、軍費を捻出《ねんしゅつ》するため広大な満州の土地を荒らし、民家の膏血《こうけつ》の七、八割は軍費に当てられ、商民の三割はついに破産し流落した」

と非難されているが、実際、満州の民は、満州事変で張学良の軍閥が関東軍にくちくされたことに快哉《かいさい》を叫んだ。日本に感謝したというのが否定できない事実だ。こうして各地で新国家建設運動が、まさに澎湃《ほうはい》として起こったのである。

（黄文雄『日本の植民地の真実』二七八頁）

こうして満洲を制圧した後、中国の内乱やソ連の共産主義の脅威を満洲から完全に排除するため、一九三二年三月、満洲国建国にいたったのである。

満洲事変に至るまでには、以上のような背景があったのである。もし、わが国が平穏に満洲における経済権益を行使することができ、邦人の安全も確保されていたならば、わざわざ柳条湖事件をひき起こし、当時わずか一万にすぎない関東軍が二十五万に及ぶ大軍を相手に、しかも政府や軍の上層部の意向に反してまで戦う必要などなかったであろう。たしかに、政府や軍の上層部の命令もないままに軍事行動を起こした点は許されることではなく、関東軍の「暴走」という評価もやむを得ないであろうが、しかし、正当に獲得した権益や邦人の生命財産を保護するために軍事行動に出ること自体は、国際法にも何ら抵触するものではない。

にもかかわらず、東京書籍（一八六頁）、日本書籍新社（一九六頁）、日本文教出版（一七二頁）などは「日本の中国侵略」との表題を掲げ、その中で満洲事変に触れている。大阪書籍（一九二頁欄外）、清水書院（一九四頁欄外）、帝国書院（二〇二頁欄外）もまた、満洲事変を「侵略」としているが、以上の経緯を見れば、満洲事変は「侵略」などではなく、「自衛」であったというべきであろう。したがって、これらの記述は修正ないし削除を要する。

○満洲を中国固有の領土ととらえる記述は修正を要する

そもそも、ほとんどの教科書は、当然のように満洲事変を中国への侵略と記述しているが、満洲（いわゆる中国東北部）はもともと中国の領土ではない。

歴史的に、中国の領土は、万里の長城以南とされていた。長城以北は「北狄《ほくてき》」と呼ばれる化外《けがい》の地（文明の及ばない土地）とされ、この地には、中国の王朝とは別に、渤海《ぼっかい》、遼《りょう》、金などの王朝が成立していた。中国全土と満洲全土が一つの版図に入った時代、つまり地図上で同じ色に塗られた時代は、元と清ぐらいのものであるが、元はいうまでもなくモンゴルの支配する帝国であり、清は、中国が満洲を支配したのではなく、満洲が中国を支配していたのである。

したがって、たとえば孫文《そんぶん》も満洲を中国固有の領土とは考えておらず、一九〇七（明治四十）年一月、日本に亡命中の彼が行った講演の中で、このようにさえ述べている。

革命の目的は『滅満興漢《めつまんこうかん》』である。日本がもし支那革命を援助してくれるというのなら、成功のあかつきには、満蒙を謝礼として日本にゆずってもよい。

（原子昭三『「満洲国」再考』二十頁）

その後、一九一二年に中華民国が成立した際、中華民国政府は、辛亥《しんがい》革命のどさくさにまぎれて、清朝の版図にあった領土、つまり中国本土のみならず、満洲、モンゴル、ウイグル、チベットなど、もともと中国とは異なる国々の領土も含めて、すべて中国固有の領土だ、と一方的に主張した。

このとき、満洲がようやく史上初めて中国の支配下に入ったのである。とはいえ、それもほとんど形だけのものであり、たとえば前述のように張作霖は満洲に隠然たる軍閥勢力を保持し、中央政府の統治権はほとんど及ばなかった。しかも一九二二年には独立まで宣言している。

一九二八年十二月、張学良は易幟《えきし》を行い、国民党に服属することとなったが、それもほとんど形式的なものでしかなかった。リットン報告書（後に詳述）はこう指摘する。

満洲が国民党中国と合体した結果、満洲の行政組織は中央政府の行政組織に似たものとなるよう多少の変更を必要とされ、委員制度が採用され、国民党の支部が設立されたが、実際には、従来の旧制度のもとで旧人物が活動した。中国で絶えず行われたような、国民党支部の地方行政に対する干渉は、満洲においては認められず、「すべての主要文武官は国民党員で

なければならない」との規定は単なる形式として取り扱われ、軍事、政務、財政、外交等、すべての問題について、中央政府との関係は、満洲側の自発的な協力を必要とした。
（外務省訳『日支紛争に関する国際連盟調査委員会の報告』五十八頁　原文は文語体）

このように、満洲は、少なくとも満洲事変の時点では、けっして中国固有の領土といえるようなものではなかったのである。

つまり、満洲事変を「日本の中国侵略」とする東京書籍、日本書籍新社、日本文教出版の記述は、「侵略」という点で不適切であるのみならず、「中国」という点でも不正確なのである。よって、修正ないし削除を要する。

日本書籍新社（一九六頁）はまた、「満州国をあやつる手」の挿絵の脚注に「**日本は中国東北部を満州とよんでいた。**」と記述している。あたかも満洲が古来より中国の一部であり、日本が勝手に「中国東北部」を「満州」と名づけたかのような印象を与える記述であるが、満洲との呼称は、日本が勝手にそう呼んでいたのではない。たとえば英語でもManchuria（マンチュリア）と呼ばれている。

この満洲という呼称の由来は、それまで女真《じょしん》族と称されていた民族が、信仰の対象であった文殊（マンジュ＝もんじゅ）菩薩《ぼさつ》から採って自称したものといわれている。したがって、チベット仏教を信仰するチベットやモンゴルでは、清朝皇帝に対する敬称として「文殊皇帝」という呼称も用いられていた。その民族名が、地域名としても使われるようになったのである。

このように、満洲とは古くから用いられていた呼称である。要するに、日本が勝手に中国東北部を満洲と呼んでいたのではなく、満洲が中国固有の領土であるかのように印象づけるため、中国が勝手に満洲を中国東北部と呼んでいるだけなのである。したがって、日本書籍新社の記述は、修正ないし削除を要する。

ちなみに、すべての教科書が「満州」と記述しており、一般にもこの表記が用いられることが多いが、正しくは「満洲」である。

「満洲」との表記の背景には、五行思想がある。五行思想とは、世の中の森羅万象は木・火・土・金・水の五つの要素から成り立っている、という中国古来の思想である。そしてこの五つの要素は、互いに生かしたり、逆に克服したりする関係にあるとされている。たとえば、水は木を育て（水生木）、木は燃えて火を発する（木生火）。金属の斧《おの》や鋸《のこぎり》は木を切り倒し（金剋木）、火は金属を溶かす（火剋金）、といった関係である。

中国の歴代王朝もまた例外ではなく、いずれの王朝も、木・火・土・金・水のいずれかの徳を備えているものと考えられていた。たとえば、清朝の前の王朝、明朝は火徳を備えるものとされていた。そこで女真族が、この明朝に取って代わってやる、との意気込みから、みずから水徳を備えているものと位置づけた（水は火を消す＝水剋火）。そして、みずからの民族名である「満洲」、王朝名の「清」のいずれも、さんずい（氵）のつく漢字を選んだのである。中国には徐州、広州、蘇州など「州」のつく地名が多いが、これらと同列に「満州」という地名が存在するわけではないのである。

国語の表記では「洲」を「州」に置き換えることが認められているが、固有名詞である以上、できるだけ正確な表記を心がけるべきであろう。たとえば、東京駅東口に「八重洲《やえす》」という地名があるが、これを「八重州」とは表記しないのと同様である。したがって、教科書の記述に正確を期するのであれば、「満州」との表記を改め、「満洲」とすべきである。

○満洲国を日本の傀儡《かいらい》とする記述は修正すべきである

満洲国の執政《しっせい》、のちに満洲帝国の皇帝となった、清朝のラストエンペラー・愛新覚羅溥儀《あいしんかくらふぎ》は、けっして関東軍によって無理やり引っ張り出され、即位させられたのではない。

溥儀は、中華民国が成立した後も、国を統治する権限を持たない肩書だけの「皇帝」として紫禁城《しきん》に暮らすことを認められていたが、後にクーデターで紫禁城を追われ、日本大使館へ逃げ込んだ。

さらにその後、歴代皇帝の墳墓《ふんぼ》が暴かれるという事件が起こった。このときの衝撃を、溥儀は自伝にこう書き残している。

そのとき私が受けた衝撃は、自分が宮城を追い出されたときよりも深刻だった。皇族と遺臣たちはみな憤激した。……私の心には無限の恨みと怒りの炎が燃えあがった。薄暗い霊堂の前へ行くと、顔じゅう涙だらけにした皇族たちの前で、空に向かって誓った。

「この恨みに報いなかったならば、私は愛新覚羅の子孫ではない！」

私はこのとき、溥偉《ふい》が天津に来て、私とはじめて会ったとき言ったことを思い出した。「溥偉のいる限り、大清は決して滅亡することはありません！」私も誓った。

「私のいる限り、大清は滅亡せぬ！」
私の復辟《ふくへき》・復仇《ふっきゅう》の思想は、このとき新たな絶頂に達した。
（愛新覚羅溥儀『わが半生（上）』一三三頁〜一三四頁）

復辟とは、帝位・王位を退いた元君主がふたたびその位に就くことである。つまり、皇帝の座に再び返り咲くことは、溥儀自身の悲願だったのである。

一方、民衆もまた共和制中国にはウンザリしていた。

一般大衆の意見はというと、**当時**のシナの**多く**の**地域**で**人々**が**共和国**に**幻滅**しきっていたことは**間違**いない。**共和国**はよいことを**山**ほど**約束**しておきながら、**貧苦以外**は、ほとんど**何**ももたらさなかったからだ。……

次の一**説**は、一九一九年六月二十三日付の『ノース・チャイナ・デイリー・ニュース**紙**』に**掲載**されたものだが、**共和国**の**実体**を**伝**える**典型的**な**記事**だと**見**てよいだろう。**甘粛省**《かんしゅく》の**極西地方**の**情勢**に**言及**している。

「**増税**したことと**官吏**が**腐敗**したことにより、**国民**は**満洲朝廷**の**復帰**を**望**むようになっている。**満洲朝廷**も**悪**かったけれども、**共和国**はその**十倍**も**悪**いと**人々**は**思**っている。**満洲王朝**

を恋しがる声は人里離れた辺鄙《へんぴ》なところで聞こえるだけでなく、他の地方でも満洲朝廷を未だに望んでいるのである」

（R・F・ジョンストン『完訳　紫禁城の黄昏（下）』五十七頁～五十八頁）

そして、溥儀が満洲国の統治者となるため満洲の地に入ったとき、満洲の人々は熱烈にこれを歓迎した。

三月八日午後三時、汽車は長春駅についた。車がとまらないうちに、プラットホームに軍楽の音と人びとの歓呼の声が起こるのが聞こえた。私が張景恵《チャンチンホイ》・熙洽《シーシア》・甘粕・上角など一群の人びとに囲まれてホームに降り立つと、いたるところに日本の憲兵隊と各種各様の服装をした隊列がいるのが見えた。隊列のなかには袍子《パオツ》、馬褂《マーコワ》もあり、洋服もあり、日本の和服もあって、手に手に小旗を持っていた。私は思わず感激がこみあげてきた。営口の埠頭《ふとう》で望んで得られなかったことが、今日とうとう実現したのだ、と思った。私が列の前を歩いていると、熙洽が突然一隊の日の丸のあいだにまじった黄竜旗（＝清朝の国旗　引用者註）を指さして言った。

「これはみな旗人（＝清朝直属の家臣　引用者註）です。彼らは陛下を二十年のあいだ待ち

に待ったのです」
この言葉を聞いて、私は熱い涙が目にあふれるのを押さえられなかった。私は大いに希望があるのだという気持ちがますます強くなった。
（愛新覚羅溥儀『わが半生（下）』五頁～六頁）

こうして溥儀は、一九三二（昭和七）年、満洲国の執政となり、二年後の一九三四（昭和九）年には満洲帝国の皇帝となったのである。

要するに、しばしば日本による「でっち上げ」、あるいは日本の「傀儡《かいらい》」（あやつり人形）と酷評される満洲国の建国は、溥儀をはじめとする満洲の人々の悲願でもあったのである。

日本（あるいは関東軍）が満洲国の実権を握っていたことをいずれの教科書も批判的に記述しており、なかでも日本書籍新社（一九六頁）は「**翌1932年には、日本があやつる『満州国』を建国させた。**」（傍点引用者）と揶揄《やゆ》し、「満州国をあやつる手」と題する挿絵（日本の「手」が皇帝溥儀をあやつり人形のように扱っている風刺画）を掲載している。

ならば、満洲国建国とともに、関東軍は満洲から撤退すべきだったというのであろうか。

そのようなことをすれば、せっかく誕生した満洲国は、おそらく中国の侵攻を受けて、ふたたび独立を失ったであろう。あるいはソ連の支配下に入っていたかもしれない。共産主義は君主制の打倒を目指していたので、もしそうなれば、溥儀は殺害されるか、あるいは迫害を受けていたであろう。それが溥儀はじめ満洲の人々にとって望ましいことだったであろうか。関東軍がいたからこそ、後述のように、満洲国は安定した治安のもと、飛躍的な発展を遂げることができたのである。

また、清国時代の皇帝専制と、それに続く中華民国の軍閥による戦国動乱しか知らない人々に、満洲国を、同時代に生き残ることのできる近代国家として設立・維持・発展させることができるかどうか、ということも考慮しなければなるまい。

アメリカのジャーナリスト、ジョージ・ブロンソン・レーは、満洲を「傀儡国家」とする見解に対し、こう反論した。

世界は満洲国を呼んで〝傀儡国家〟であるという。**満洲国人みずから政治の術に巧みでないがために、建国当初日本人専門家の友好的援助を受けて新国家を組織したのである。それを傀儡というなら、世界には無数の傀儡国家が存在する**ことになる。

（名越二荒之助『世界から見た大東亜戦争』五十七頁　原文は歴史的仮名遣い）

要するに、「よその国の政治を掌握することはけしからん」と単純に割り切ることはできないのである。そうした一面的な見方ではなく、多面的に歴史的事象をとらえるべきであろう。

したがって、いずれの教科書も、日本ないし関東軍が満洲国の政治の実権を握っていたことを否定的にのみとらえる偏った記述は修正すべきである。

○満洲国の顕著な発展を記述すべきである

満洲国は、五族協和《ごぞくきょうわ》、王道楽土《おうどうらくど》建設のスローガンのもと、日本の重工業の進出などにより経済成長をとげ、中国人などの著しい人口の流入もあった。

（扶桑社　一九七頁）

扶桑社が記述しているように、満洲国建国によって、満洲は大いに発展を遂げた。

建国当時は、第五章で紹介したマッコイ少将の言葉を借りれば「匪賊が横行し、産業も振わず、赭土《あかつち》色の禿《はげ》山の下で、民衆は懶惰《らんだ》の生活を送って」いた。

そこで、まず満洲建国に伴い、旧軍閥、旧馬賊などから編制された満洲国軍が創建され、関東軍と協力して馬賊討伐を行った。そして警察制度も整えられて治安は安定し、法制も整えられて、ようやく満洲の地に秩序がもたらされたのである。

一九三七年十二月一日には、日本人が享受していた治外法権を撤廃し、日本人も満洲の法律に則って裁かれることとなった。このことは、「五族協和」が単なる宣伝文句ではないことを意味している。

五族協和とは、日本・朝鮮・満洲・蒙古・漢の各民族が共存共栄しようというものであり、満洲国建設にはこのスローガンが掲げられていた。もしこれが単なる宣伝文句にすぎず、実際には満洲国が日本の半植民地であったならば、既得権益である治外法権をわざわざ撤廃することなど考えられない。しかし、わが国はこれを撤廃した。つまりこのことは、満洲国が、あくまでもれっきとした独立国だったことを示しているのである。

また、台湾や朝鮮と同様、満洲でもダム建設をはじめとする灌漑《かんがい》事業が行われ、農業生産が安定し、のちに穀物を輸出するまでにいたった。「赭土色」の満洲が、緑の大地に生まれ変わったのである。

そしてダムでは発電も行われ、これによって工業が発展し、経済成長を促進させた。

その結果、荒涼とした満洲に次々と近代都市が生まれた。都市には大公園が作られ、郊外には広大な緑地が保全された。

一九三四年末、イギリス産業連盟の使節団が満洲を訪れ、貿易と投資の可能性を調査した結果、こう評価している。

満洲国住民は治安対策の向上と秩序ある政府を与えられている。軍による略奪と搾取はなくなった。課税制度は妥当なもので、公正に運営されている。住民は安定通貨をもつことができた。輸送、通信、沿岸航行、河川管理、公衆衛生、診療施設、医療訓練、そしてこれま

で不足していた学校施設などの整備計画が立てられ、**実施されている。こうしたことから、満州国の工業製品市場としての規模と将来性は容易に想像することができる。**

近代国家が建設されつつある。将来に横たわる困難はあるが、これらは克服され、満州国と他の国々の利益のために、経済繁栄が徐々に達成されるものと期待される。

（ヘレン・ミアーズ『新版　アメリカの鏡・日本』二九七頁～二九八頁）

このように、安定した治安のもと、顕著な発展を遂げる満州に「王道楽土」の夢を抱き、多くの日本人が移り住んだほか、戦乱のつづく中国からも年間百万人もの難民が満州に押し寄せ、当初約三千万人だった満州の人口は、終戦時には約五千万人にまで及んだ。もし各教科書の記述から想起されるように、日本人の支配のもとで他の民族が虐げられていたならば、かくも多くの中国人が満州に移り住むことなどありえない。中国よりも満州のほうが住みよいからこそ、満州に移住してきたのである。

また「**実権は日本がにぎり、産業も支配しました。**」（帝国書院　二〇三頁）のように、日本の企業進出を批判的に記述する教科書もあるが、満鉄沿線以外には産業らしい産業もなく、人材にも乏しかった満州ですべて自力でやっていたのでは、産業発展は遅々として進まず、満洲の人々の生活もいっこうに向上しなかったであろう。そうなれば、満洲にはふたたび匪賊が横行したであろうことは想像に難くない。日本企業が進出し、産業発展を牽引《けんいん》したからこそ、産業が著しい発展を遂げ、人々の生活も安定し、治安が保たれたのである。それでも、産業発展の牽引役を果たした日本企業の進出が非難されるべきであろうか。

そのように、満洲国を否定的にばかり描く各教科書の一面的な記述を改め、満洲国の顕著な発展について記述すべきである。

○リットン報告書が日本側の立場を理解していたことを明記すべきである

中国は、満洲におけるわが国の軍事行動を侵略であるとして国際連盟に訴えた。これを受けて国際連盟は、リットン調査団を派遣し、満洲事変、満洲国建国について調査し、後に『日支紛争《にっしふんそう》に関する国際連盟調査委員会の報告』、いわゆるリットン報告書を作成した。

これについて、たとえば教育出版（一六三頁）はこう記述する。

中国はこの動きを、日本の侵略であるとして国際連盟にうったえました。連盟は調査団の報告をもとに、1933年、「満州国は認められず、日本軍は占領地から撤退する。」という勧告を可決しました。

あたかもリットン報告書が日本の軍事行動を侵略と認定したかのような印象を受ける記述であるが、しかしリットン報告書は、日本の軍事行動を侵略とは認定しておらず、むしろわが国の立場をかなり理解したものであった。

たとえば、わが国が満洲に有していた権益を尊重すべきである旨を勧告している。

満洲における日本の権益は無視することのできない事実であり、いかなる解決方法も、これを承認し、かつ日本と満洲との歴史的関係を考慮に入れないものは、満足な解決方法ではない。

（外務省訳『日支紛争に関する国際連盟調査委員会の報告』二八七頁〜二八八頁　原文は文語体）

そして、扶桑社（一九七頁）が指摘するように、「満州に住む日本人の安全と権益がおびやかされていた事実は認め」ている。

日本は中国から最も近い隣国であり、かつ最大の顧客であるがゆえに、中国の無法律状態によって、他のいずれの諸外国よりも苦しんだ。中国における居留外国人の三分の二以上は日本人であり、満洲における朝鮮人の数は約八十万におよぶ。そのような状態の中で、中国の不当な法律、裁判および課税に服従させられたならば、これによって苦しめられる国民を最も多く有する国は、日本である。よって、日本はその条約上の権利に代わるべき満足な保護を期待できない限り、中国側の願望（治外法権の撤廃など　引用者註）**を満足させることは不可能であると感じた。**

（同書　四十三頁　原文は文語体）

さらに、満洲を「日本の生命線」であるとする主張にさえ理解を示しているのである。

満洲はしばしば**日本**の「**生命線**」であると**称**される。**満洲**は**現在日本**の**領土**である**朝鮮**に**国境**を**接**する。**中国四億**の**民衆**が**統一**され、**強力**になり、かつ**日本**に**敵意**を**有**し、**満洲**および**東部**アジアで**勢力**をふるう**日**を**想像**することは、**多**くの**日本人**の**平静**を**乱**すものである。しかし、**日本人**が**国家的生存**の**脅威**および**自衛**の**必要**を**語**る**時**、**多**くの**場合**、**彼**らの**意中**に**存**するのは、むしろロシアであって、**中国**ではない。したがって、**満洲**における**日本**の**利益**の**中**で**根本的**なものは、**同地方**の**戦略的重要性**である。

（同書　七十九頁～八十頁　原文は文語体）

満洲における**日本**の**行動**および**方針**を**決定**したものは、**経済的考慮**よりはむしろ**日本自体**の**安全**にたいする**懸念**である。**日本**の**政治家**および**軍部**が、**満洲**は「**日本**の**生命線**」であることを**口**にするのは、**特**にこの**関係**においてである。**世**の**人々**は、**右**のような**懸念**に**対**して**同情**し、あらゆる**事態**において**日本**の**国防**を**確保**するため**重大責任**を**負**わざるを**得**ない**右**の

政治家や軍部の行動および動機を了解するよう努めるべきである。

（同書　二八四頁　原文は文語体）

ここまで日本の立場に理解を示しているにもかかわらず、柳条湖事件については、次のように述べ、関東軍の行動を正当なものとは認められないと断じた。

九月十八日午後十時より十時半の間に鉄道路線もしくはその付近において爆発があったことは疑いないが、鉄道に対する損傷は、もしあったとしても、長春からの南行列車の定刻到着を妨げない程度のものであり、それだけでは軍事行動を正当とするものではない。同夜における日本軍の軍事行動は正当な手段と認めることはできない。

（同書　一五一頁　原文は文語体）

つまり、柳条湖事件にいたるまでの経緯を踏まえることなく、鉄道爆破だけを取り上げて、日本の軍事行動が正当なものとは認められない、と断じているのである。

しかしこれに続いて、こうも述べている。

もっとも、これによって**調査団**は、**現地**にいた**日本将校**が**自衛**のため**行動**しつつあったとの**仮説**を**排除**するものではない。

（同書　一五一頁　原文は文語体）

要するに、「正当な行為とは認められないが、自衛のための行為ではないとも言い切れない」という、何ともハッキリしない結論なのである。

また、満洲国の独立についても、次のような結論を下している。

日本の**参謀本部**が、このような**自治運動**（＝満洲の独立運動　引用者註）を**利用**することを**思い立**ったことは**明**らかである。その**結果**、**彼**らはこの**運動**の**組織者**に**対**し**援助**および**指導**を**与**えた。

各方面から**得**た**証拠**により、**本委員会**は、「**満洲国**」の**創設**に**寄与**した**要素**は**多々**あるものの、もっとも**有効**であり、しかも**我々**の**見**るところによればそれなくして**新国家**は**形成**されなかったと**思**われる**二**つの**要素**がある。それは、**日本軍隊**の**存在**と**日本**の**文武官憲**の**活動**であると**確信**するものである。

右の**理由**から、**現在**の**政権**は、**純粋**かつ**自発的**な**独立運動**によって**出現**したものと**考**える

ことはできない。

（同書　二〇八頁～二〇九頁　原文は文語体）

要するに、満洲において以前から独立運動が存在したことを認めていながら、「日本が手を貸したから、満洲国の建国は自発的なものではない。」と断じているのである。しかし、溥儀をはじめ満洲の人々が建国を喜んだことは前述のとおりである。

このような不可解な結論について、リットン報告書の原案起草に携わったアン・ジュリノ博士は、国連事務局次長の杉村陽太郎《すぎむらようたろう》氏を訪ね、こう説明している。

シナ（＝中国　引用者註）**側の神経を刺激しないようにと配慮したので、シナの実相を十分表明できなかった点があり、遺憾である。自分としては、過去数年間のシナ側の抗日的態度に対し、日本軍人がカンシャクを起して一撃を加えたのは無理からぬことで、毫《わずか》も非難の余地はないと思う。幣原外交に徴するも、シナ側は日本の好意に甘えて不当につけ上がっており、これについては委員会内でも、意見が一致しており、異議をはさむ者はいない。……**

委員たちは、シナ問題に関して基礎的知識を持ち合わせていないので、報告書の結論が随所で矛盾しているのは当然であり、結論の全部に確信があるわけでもない。

（渡辺明『満洲事変の国際的背景』五三六頁）

つまり、リットン報告書の結論部分は、調査結果を踏まえての結論というより、中国側を刺激しないよう配慮しつつ作成された妥協の産物だったのである。

このようなリットン報告書が提出される一方、わが国の行動に同情的な見解も多かった。たとえば、ロンドン・タイムズ紙は明快にこう論述する。

日本の南満洲建設工作について、われわれはもとよりこれを承認する。シナ人は日本人の合法的な事業行為を妨害し、朝鮮農民を苛酷に扱い、シナ人の自ら敷設《ふせつ》する鉄道を南満洲鉄道路線に並行させる、などして日支条約の精神に違背した。なおその他の挑発事件に至るまで、日本人の述べ訴えているところは、もっともな多くの理由がある。

（原子昭三『「満洲国」再考』一二五頁）

また、中国のアメリカ大使館で公使を務めていたマクマリーは、その著書にこう記している。

日本をそのような行動に駆り立てた動機をよく理解するならば、その大部分は、中国国民党が仕掛けた結果であり、事実上中国が「自ら求めた」災いだと、我々は解釈しなければならない。

人種意識がよみがえった中国人は、故意に自国の法的義務を軽蔑し、目的実現のためには向こう見ずに暴力に訴え、挑発的なやりかたをした。……

協調政策は親しい友人たちに裏切られた。中国人に軽蔑してはねつけられ、イギリス人と我々アメリカ人に無視された。それは結局、東アジアでの正当な地位を守るには自らの武力に頼るしかないと考えるに至った日本によって、非難と軽蔑の対象となってしまったのである。

（ジョン・アントワープ・マクマリー『いかにして平和は失われたか』一八〇頁〜一八二頁）

しかし結局、国連総会では、満洲国の不承認と日本軍の引き揚げを勧告する案が提起され、賛成四十二、反対一（日本）、棄権一（シャム＝いまのタイ）で採択された。

この結果を受けて、日本代表団の首席全権であった松岡洋右《まつおかようすけ》は、もはや日本政府は連盟と協力する努力の限界に達した、と表明し、議場を去った。こうして日本は国際連盟を脱退したのである。

なお、ほとんどの教科書が、わが国が国際連盟を脱退したことで国際社会から孤立したとの趣旨を記述しているが、実際にはそれほど悲愴的なものではなかった。

国際連盟からの脱退は、日本国内に悲嘆と混乱をもたらした。……彼らは欧米列強が連盟の決定にこめている意味を恐れた。……日本は最悪の事態を予測し、連盟脱退と同時に、「非常事態」を宣言する詔勅が発せられた。

しかし、何も起こらなかった。満州事変に対する欧米諸国の責務はフォーミュラとして記録にとどめられただけで、各国はもとの現実政治にもどった。

（ヘレン・ミアーズ『新版　アメリカの鏡・日本』二九六頁～二九八頁）

たとえば、前述のように、一九三四年末にはイギリスから産業連盟の使節団が来訪し、満洲国を好意的に評価している。そして、国際連盟では承認されなかったものの、南米の国エルサルバドルを皮切りに、ローマ教皇庁、イタリア、ドイツ、スペインなど、多くの国々が次々に満洲国を承認した。さらに中華民国も、事実上満洲国を承認している。

三四年末から三五年にかけて、中華民国政府と列車の相互乗り入れ、郵便、通電、通航問題を解決した。これらを勘案すると、実質的には、中華民国政府から新国家として承認されたとみなすことができる。

（黄文雄『満州国の遺産』二六〇頁）

以上を踏まえ、教科書では、少なくとも次のことは明確に記述すべきである。

リットン報告書では、わが国の立場に理解を示していたこと。にもかかわらず、中国側に配慮した結果、結論としては満洲事変における日本軍の行動を自衛行為とは認めなかったこと。これに基づいて日本軍の撤兵と満洲の国際管理が勧告され、それが可決されてしまったこと。そのような国連の有様に失望して、日本が国連を脱退したこと。国連では満洲国は承認されなかったものの、日本の行動に理解を示す意見も多く、多くの国々が満洲国を承認したこと。

第七章　支那事変（日中戦争）

○わが国が正式に決定した「支那《しな》事変」との呼称を記述すべきである

いずれの教科書も、一九三七年に始まった中国での戦闘を「日中戦争」と称し、括弧書きでさえ「支那事変」との名称は記述されていない。

しかし、そもそも「戦争」と「事変」とは異なる。宣戦布告にもとづく戦闘行為が「戦争」であり、宣戦布告なくして戦闘状態に陥ったものが「事変」である。これを踏まえて、わが国政府は昭和十二年九月二日、蘆溝橋《ろこうきょう》事件に端を発する、支那（＝中国）で起こった宣戦布告にもとづかない戦闘を「支那事変」と呼称する、との閣議決定を行っている。

このように、わが国が「支那事変」との呼称を正式に決定している以上、わが国の教科書としては「支那事変」との呼称を用いるべきであり、「日中戦争」との呼称は括弧書き、ないし脚注として記述すべきである。

なお、支那という呼称が、中国に対する蔑称《べっしょう》であるとする意見がある。しかし「支那」とは、万里の長城以南の地域、つまり中国本土を指す呼称として古くから用いられているものであって、何ら差別意識を含んだ呼称ではない。

「支那」という呼称の語源は、中国大陸最初の統一王朝である「秦《しん》」に由来するものであり、英語のChina（チャイナ）と軌を一にするものである。Chinaという単語が中国に対する蔑称ではないのと同様、支那という単語も、蔑称などではないのである。現に、こんにちでも「東シナ海」「インドシナ半島」のように、何の問題もなく用いられている呼称であって、いたずらに外圧を恐れて、正式呼称を抹消すべきではない。

○支那事変を満洲事変の延長ととらえる記述は修正を要する

満州を実質的な支配下に置いた日本は、さらに華北に侵入しました。1937（昭和12）年7月7日、北京郊外の盧溝橋《ろこうきょう》で起こった日中両国軍の武力衝突（盧溝橋事件）により、日中戦争が始まりました。

（東京書籍　一八八頁）

扶桑社を除くすべての教科書が、この記述と同様に、盧溝橋事件に端を発する支那事変を満洲事変の延長であるかのような文脈で記述しているが、両者はあくまでも別個の事変である。

満洲事変は、一九三一（昭和六）年九月十八日の柳条湖事件に端を発する事変であるが、この事変は、一九三三（昭和八）年五月三十一日、塘沽《とうこ》停戦協定の締結により終結した。その後、小規模な衝突はあったものの、日中両国は関係改善に努め、一九三五（昭和十）年には大使を交換するまでにいたっている。満洲事変は、まぎれもなく終結しているのである。

一方、支那事変は、その後の一九三七（昭和十二）年七月七日、演習を終えた日本軍が北京南郊の蘆溝橋に差し掛かったところで、中国側から発砲を受けたことを発端にはじまった事変である。

その発砲を受けた日本軍は、一九〇一（明治三十四）年、北清事変（義和団事件）終結に際して清国が受諾した「北京議定書」に基づいて、居留民保護のため合法的に駐留していたのであって、扶桑社を除く各教科書が記述するような「満洲から華北にいたる日本軍の中国侵略」との文脈で駐留していたものではない。たとえば、いまの日本にも在日米軍が条約に基づいて合法的に駐留しているが、これと同様の存在である。

このように、満洲事変と支那事変は、あくまでも切り離して考えるべき別個の事変なのである。

この点、たとえば「**15年にわたる侵略戦争がはじまる**」（日本書籍新社　一九六頁表題）、「**いわゆる日中15年戦争となっていった。**」（日本文教出版　一七四頁）、「**満州事変から15年たってようやく戦争は終わった。**」（清水書院　二〇七頁）との記述に見られるように、満洲事変・支那事変・大東亜戦争を総称して「十五年戦争」とよばれることが多いが、この呼称は、要するに満洲事変をもってその後十五年にわたる日本の「中国侵略」の第一歩とみなそうとする政治的な意図で作られた呼称にほかならず、史実を正しく表した呼称ではないのである。

以上から、支那事変を満洲事変の延長ととらえる記述は、修正ないし削除を要する。

○支那事変をわが国の侵略戦争とする記述は修正を要する

盧溝橋で日本軍が受けた発砲は、中国共産党によるものである。

塘沽停戦協定の締結により満洲事変が一段落したことで、国民党は共産党との内戦に専念することができた。その結果、共産党は敗戦に次ぐ敗戦によって、存亡の危機に陥った。

ところが、満洲事変で満洲を追われた張学良は、日本との和解を目指す国民党よりも、むしろ抗日を主張する共産党に好意的であった。その張学良が、一九三六年、国民党の蔣介石を西安で監禁し、助命とひきかえに、共産党と協力して日本と戦うことを認めさせた（西安事件）。

こうして（第二次）国共合作が成立したが、共産党はけっして「国民党と協力して中国を守ろう」と考えていたわけではなく、その真意は、国民党と日本軍とを戦わせ、双方の戦力を減耗させた上でこれを駆逐《くちく》し、中国全土を支配することであった。そのきっかけとして、中国共産党が、日本軍と国民党軍の双方に発砲したのである。

中国人民解放軍が発行した『戦士政治課本』（兵士教育用の初級革命教科書）には、こう記述されていたという。

七・七事変（＝盧溝橋事件　引用者註）**は劉少奇**《りゅうしょうき》**同志の指揮する抗日救国学生の一隊が決死的行動を以って党中央の指令を実行したもので、これによってわが党を滅亡させようと第六次反共戦を準備していた蒋介石**《しょうかいせき》**南京反動政府は、世界有数の精強を誇る日本陸軍と戦わざるを得なくなった。その結果、滅亡したのは中国共産党軍ではなく蒋介石南京反動政府と日本帝国主義であった。**

（葛西純一『新資料盧溝橋事件』五頁）

これを裏付けるかのように、盧溝橋事件の直後には、延安《えんあん》の中国共産党司令部に北京から「成功した」との電報が打たれている（『産経新聞　夕刊』一九九四（平成六）年九月八日付）。

しかもこのとき、発砲を受けた日本軍はただちに応戦したわけではなく、中国軍側に軍使を送り、調査と謝罪を要求する交渉を行おうとしていた。にもかかわらず、再三にわたり発砲があったため、翌八日午前五時三十分、最初の発砲から約七時間後にようやく応戦したのである。

この盧溝橋事件を発端としてはじまった戦闘は、七月十一日、日本側の盧溝橋撤兵、中国側の謝罪・責任者処分・抗日団体取締り、などを約した停戦協定が調印されたことで、一旦事態の収拾を見ている。わが国と国民党は、あくまでも戦線を拡大することのないよう努めていたのである。

にもかかわらず、その後ふたたび戦闘状態に入った。その後も幾度となく停戦努力が行われたが、日本と国民党との間に和解が成立しそうになると、共産党は蒋介石の態度を弱腰と非難し、和解を決裂させた。そうして戦闘が泥沼化していったのである。

この共産党の行動は、コミンテルンの指示によるものであった。コミンテルンは、共産党にこう指令していたのである。

①**あくまで局地解決を避け、日支の全面的衝突に導かなければならぬ。**

②**右の目的を貫徹するため、あらゆる手段を利用すべく、局地解決**（例えば北支を分離せしめることに依って戦争を回避するの類。）**日本への譲歩に依って、支那の解放運動を裏切ろうとする要人を抹殺してもよい。**

③**下層民衆階級に工作し、これをして行動を起こさしめ、国民政府をして戦争開始のやむなきに立ち至らしめなければならぬ。**

④**党は対日ボイコットを全支那的に拡大しなければならぬ。日本を援助せんとする第三国に対しては、ボイコットを以て威嚇する必要がある。**

⑤**紅軍**（＝共産党軍　引用者註）**は国民政府軍と協力する一方、パルチザン的行動に出《い》で**

なければならぬ。

⑥党は国民政府軍下級幹部、下士官、兵士並びに大衆を獲得し、国民党を凌駕《りょうが》する党勢に達しなければならぬ。

（興亜院政務部『コミンテルン並に蘇聯邦の対支政策に関する基本資料』九十頁〜九十一頁
原文は歴史的仮名遣い）

要するに、わが国は、中国共産党およびその背後にあるコミンテルンの陰謀に乗せられて、国民党と戦わされていたのである。そして後世の歴史は、みごと中国共産党の目論見《もくろみ》どおりの結果となった。

一九六四（昭和三十九）年、時の佐々木更三《さささきこうぞう》社会党委員長が日本の〃中国侵略〃を謝罪したのに対し、毛沢東はこう答えたという。

「**何も申し訳なく思うことはありません。日本軍国主義は中国に大きな利益をもたらし、中国人民に権力を奪取させてくれました。**みなさんの**皇軍**なしには、われわれが**権力を奪取することは不可能**だっ**たのです**」

（東京大学近代中国史研究会『毛沢東思想万歳（下）』一八七頁）

毛沢東の言葉どおり、中国からいわゆる〝中国侵略〟を非難されても、わが国が反省し謝罪する必要など全くなく、「日本が蔣介石と戦わなければ、今頃この世に〝中国共産党〟など存在しなかったのではないのか」とでも反論しておけばよいのである。

以上のように、支那事変は、中国共産党の発砲に端を発し、中国共産党に停戦努力を妨げられたのであって、わが国の侵略戦争であるとの認識は誤りである。

にもかかわらず、扶桑社を除くすべての教科書がこうした史実を一切無視し、支那事変をわが国の侵略戦争と捉えた記述をしている。そうした歴史を改竄《かいざん》した記述は、修正を要する。

○いわゆる南京事件ないし南京大虐殺の記述は修正ないし削除を要する

支那事変の際、南京を占領した日本軍が起こしたとされる、いわゆる南京事件（南京大虐殺）について、扶桑社を除くすべての教科書が、「**日本軍は混乱**のなかで、**多数の捕虜や住民を殺害して**、**国際的に非難を受けました**（**南京事件**）。」（教育出版　一六五頁）、「**南京**では、**兵士だけでなく**、**女性や子どもをふくむ多く**の**中国人を殺害し**、**諸外国から**『**日本の蛮行**』**と非難されました**（**南京大虐殺**）。」（帝国書院　二〇四頁）、「**女性や子どもをふくむ中国人を大量に殺害しました**（**南京事件**）。」（東京書籍　一八八頁）のように、これを確定的事実として掲載している。

しかし、扶桑社が指摘するように「この**事件**の**犠牲者数**などの**実態**については**資料**の**上**で**疑問点も出され**、**さまざまな見解があり**、**今日でも論争が続いている**。」（扶桑社　一九九頁欄外）というのが実情である。

たとえば、「南京大虐殺の証拠写真」とされた写真が捏造《ねつぞう》、あるいは虐殺とは無関係であることが、次々に検証されている。

一九七二（昭和四十七）年に出版された本多《ほんだ》勝一《かついち》『中国の日本軍』中の掲載写真も、国民党のプロパガンダ写真に、改竄《かいざん》された説明を付したものをふくんでいた。
これを皮切りにして、日本中に、否、世界中に「南京大虐殺」が広まり、いまやしっかりと定着しつつある。しかし、南京大虐殺の証拠と称される写真、最近入館無料となって入館者で混雑するという南京大虐殺記念館の展示写真、日本で南京大虐殺写真と称して展示される写真、その他多くの本に掲載されている写真のほとんどは、本書の検証によれば南京大虐殺の証拠写真としては決して通用するものではなかった。
（東中野修道・小林進・福永慎次郎『南京事件「証拠写真」を検証する』一二三八頁）

そもそも、いわゆる南京大虐殺が現実に起こったのであれば、ある程度の犠牲者数は確定できよう。たとえば、同時期に現実に行われたナチスによるユダヤ人虐殺については、大阪書籍、日本書籍新社、日本文教出版のいずれもが犠牲者数を約六百万と確定的に記述している（日本文教出版は四百万人説を併記）。

これに対し、いわゆる南京大虐殺の犠牲者数については、日本書籍新社（一九八頁）が「20万人」と確定的な数字を掲げるほかは、「このときの**死者の数は、多数にのぼると推定されている。**」（清水書院　一九六頁）、「**大ぜいの中国民衆を殺し**」（日本文教出版　一七六頁）

のように、いずれもあいまいにしか記述していない。「**被害者数については、さまざまな調査や研究が行われていて確定されていません。**」（大阪書籍　一九五頁）というのが実態なのである。この一事をもってしても、いわゆる南京事件が、史実としてはきわめて不確定的であることが明らかであろう。

しかも、当時、南京市民の保護に当たった南京安全区国際委員会（米・英・独・デンマーク人、計十五名により構成される。以下、国際委員会）による一九三七年十二月十七日付公文書によれば、陥落当時の南京の人口は約二十万人とされている。もし日本書籍新社のいう二十万人の大虐殺があったのであれば、南京の人口はゼロになるべきところ、同じく国際委員会の一九三八年一月十日付公文書では、二十五万人と記録されている。南京陥落後、南京の人口は、虐殺により減少するどころか、むしろ増加しているのである。

また、大虐殺に対し、わが国が国際的非難を浴びた、とする記述も不適切である。国際委員会は、日本軍による非行として四二五件を挙げて抗議したが、仮にすべて事実であったとしても、四二五件中、殺人はわずか四十九件であり、二十万人にも及ぶ大虐殺に対する抗議などは存在しない。

しかも、その四二五件の非行というのも、厳密な調査を行った上で認定されたものではない。当時外交官として中華民国に駐在した福田篤泰《ふくだとくやす》氏はこう回想する。

当時、私は毎日のように、外国人が組織した国際委員会の事務所へ出かけていたが、そこへ中国人が次から次へとかけ込んで来る。「いま、上海路何号で一〇歳ぐらいの少女が五人の日本兵に強姦されている」あるいは「八〇歳ぐらいの老婆が強姦された」等々、その訴えを、フィッチ神父が、私の目の前で、どんどんタイプしているのだ。

「ちょっと待ってくれ。君たちは検証もせずに、それを記録するのか」と、私は彼らを連れて現場へ行ってみると、何もない。住んでいる者もいない。

また、「下関《シャーカン》にある米国所有の木材を、日本軍が盗み出しているという通報があった」と、早朝に米国大使館から抗議が入り、ただちに雪の降るなかを本郷（忠夫）参謀と米国大使館員を連れて行くと、その形跡はない。とにかく、こんな訴えが連日、山のように来た。

（毎日新聞社『一億人の昭和史　日本の戦史③　日中戦争1』二六一頁）

そのようなものをかき集めて、ようやく四十九件の殺人である。

また、外国のメディアにおいても、大虐殺を非難する記事はほとんどない。

当時の南京には多くの欧米人がいる。国民政府の首都に住んでいるくらいだから、みな反日的な立場の人である。また、シナ大陸にはロイター、AP、UPIといった大通信社や、新聞社の特派員たちが多数駐在している。

ところが実際には、当時の国際社会で「南京の暴虐」ということを正式のルートで非難する声は上がっていない。……

私はかつて、アメリカ『タイム』誌の戦前のバックナンバーを全部調べたことがあるが、そこには一つとして、日本軍が南京で万単位の虐殺をしたというような話は書かれていない。……それどころか、南京での日本軍の占領政策を褒《ほ》めているぐらいである。

何しろ、被害者であるはずの中華民国政府の代表さえ、国際連盟の議場で「南京虐殺」のことを取り上げなかった。日本軍による南京空爆の際、民家に落ちた爆弾があると言って国際連盟に訴えた中国政府が、南京大虐殺なるものについて抗議していないのはなぜか。また、中共軍にしても、負けた南京の中国軍を非難したことはあっても、日本軍を非難したことはない。さらに米英仏などの国から、公式に日本政府に抗議が寄せられたという事実もない。

（渡部昇一『渡部昇一の日本史』二八一頁〜二八二頁）

以上からすれば、いわゆる南京大虐殺は歴史的事実としては存在しなかった、と判断するのが妥当であろう。

となれば、南京大虐殺について「**しかし、このことは、日本国民には知らされていませんでした。**」（帝国書院　二〇四頁）とする記述もまた不適切である。事件そのものが存在しないのであれば、国民が知らないのは当然である。

教科用図書検定基準には、「未確定な時事的事象について断定的に記述しているところはないこと」とあるが、各教科書、なかでも日本書籍新社などは「２０万人」との数字まで掲げて、まさに「未確定な時事的事象について断定的に記述」している。これらの記述は、この条項に違反するものである。

したがって、いわゆる南京事件ないし南京大虐殺を確定的事実であるかのように記述しているものは、修正ないし削除を要する。あえて記載するとしても、扶桑社のように、「この事件の犠牲者数などの実態については資料の上で疑問点も出され、さまざまな見解があり、今日でも論争が続いている」旨、付記することを要する。

○援蒋《えんしょう》行為により日本と米英が事実上交戦状態にあったことに触れるべきである

支那事変のさなか、アメリカやイギリスは、表向きは中立を装いながら、日本と戦闘状態にある中国の蒋介石政権に対し軍事物資などの援助を行っていた。この援蒋行為（蒋介石を援助する行為）について、多くの教科書が、「中国への支援」「中国援助」などの文言で触れているが、こうして米英が蒋介石を援助していたことで、蒋は各地の戦闘で日本に敗れ続けても延々と抵抗を続けることができた。事変の早期終結を願うわが国の意図に反して支那事変が泥沼化していった一因は、この援蒋行為にあるのである。また、米英がこのような行為を行ったことで、一九四一（昭和十六）年十二月八日の大東亜戦争開戦を待つまでもなく、日本と米英とはすでに交戦状態にあったといっても過言ではない。

極東国際軍事裁判（東京裁判）の判事の一人、パール判事は、判決文の中でこう指摘する。

国際法の基本原則によれば、もし一国が武力紛争の一方の当事国にたいする武器、軍需品の積出しを禁止し、他の当事国に積出しを許容するとすれば、その国は必然的に、この紛争に軍事的干渉をすることになるものであり、宣戦の有無にかかわらず、戦争の当事国となるのである。

（東京裁判研究会『パル判決文（上）』五一三頁）

この点、扶桑社は「**アメリカは表面上中立を守っていたが、この前後から、中国の蒋介石を公然と支援するようになった。日米戦争にいたる対立の一因は、ここにあった。**」（二〇一一頁）と指摘しているものの、他の各社は、その重大性に触れない。わが国が米国との戦争に至らざるをえなかった経緯を正確に把握させるためにも、援蒋行為の違法性について記述すべきである。

第八章　戦時体制下の朝鮮・台湾

○創氏改名《そうしかいめい》によって日本名が強制されたとの記述は修正ないし削除を要する

いずれの教科書も、「**朝鮮**では、『**皇民化**』の**名**のもとに……**姓名**のあらわし**方**を**日本式**に**改めさせる創氏改名**をおし**進めました**。」（東京書籍　一八九頁）のように、創氏改名によって朝鮮人が強制的に日本式の姓名ないし氏名に改めさせられた旨を記述している。しかし、たとえば朝鮮出身の日本軍の将官であった洪思翊《こうしよく》中将が、戦前・戦中を通じて「洪思翊」との朝鮮名を改めなくとも何ら差別を受けることなく日本軍の中枢で活躍し、朴春琴《ぼくしゅんきん》衆議院議員もまた「朴春琴」のまま帝国議会に参加していたように、創氏改名によって朝鮮名を無理やり日本名に改めさせたというのは史実に反する。

そもそも、創氏改名は朝鮮人の要求に応えて認められたという面が強い。

当時、朝鮮人側から改名への要望がかなりあったことは事実であった。要望は主に満州に移住した朝鮮人から出されたもので、朝鮮が歴史的に中国の属国の地位にあったことから、中国人から朝鮮人が不当な扱いを受けることが多く、「我々も日本国籍をもつ以上日本名を名乗らせて欲しい」という要望が、総督府にたびたび寄せられていたのである。

（秦郁彦編『昭和史20の争点　日本人の常識』所収、呉善花「創氏改名は強制だったか」五十頁～五十一頁）

しかし、朝鮮には、「姓は変わらず」「同姓娶《めと》らず」「異姓養《やしな》わず」という伝統があった。「姓」とは、その人物がどの父系に属するのかを示すものであり、たとえば父親が洪ならば洪のまま、朴ならば朴のまま、結婚しても生涯変わることはない。これが「姓は変わらず」である。そして「同姓娶らず」とは、本貫《ほんがん》（祖先の発祥地）を同じくする同姓どうしでは結婚できない、というものであり、近親婚を防止するための伝統として、韓国では近年まで守られていた。「異姓養わず」とは、姓の異なる者を養子にしてはならない、というものである。

そこで、そうした伝統を守りつつ、かつ日本名を名乗りたいとの要望に応えるため、戸籍上は伝統的な「姓」を残しつつ、「姓」とは別に、日本同様、その人物がどの家に属するのかを示すファミリー・ネームである「氏」を新たに創った。これが創氏である。そして、「姓名」に代え、「氏名」をもって本名としたのである。

創氏には「設定創氏」と「法定創氏」とがあった。設定創氏とは、一九四〇（昭和十五）年二月十一日から同年八月十日までの六ヶ月間の届出期間内に好きな「氏」を届け出て創氏を行うものをいう。この期間内に届け出なくとも特に罰則はなく、その場合には、「姓」がそのまま「氏」とされた。これが法定創氏である。この法定創氏をもって「創氏改名が強制された」とする主張もあるが、「姓」がそのまま「氏」となったのであるから、洪・朴など朝鮮式の「姓」がそのまま洪・朴という「氏」となったのである。もっとも、「氏」がファミリー・ネームである以上、たとえば夫〝洪〟さんの妻〝朴〟さんの「氏」は、夫と同じ〝洪〟になった、ということはあったが、けっして、たとえば〝金〟さんが〝金田〟に改めさせられた、というように、日本式に改めることを強制したものではない。ちなみに、右の届出期間の後であっても、手数料を払えば、好きな「氏」を設定することができた。

この創氏とともに、日本式の「氏」にあうように「名」を改める改名も認められたが、改名については完全に任意による届出制であった。したがって、第十章で紹介する結城尚弼《ゆうきしょうひつ》

（朝鮮名・金尚弼）や梁川七星《やながわしちせい》（朝鮮名・梁七星）のように、日本式の「氏」に朝鮮式の「名」というケースも多かった。

もっとも、地方の役人や学校の教師が、他の地方、他の学校より一人でも多くの人々を日本式に創氏改名させたい、との競争心に駆られて、なかば強制的なケースもあったが、少なくとも、日本政府や朝鮮総督府が日本式に創氏改名しない者を逮捕したり、あるいは罰則を設けたりなどして、日本式に創氏改名することを強制したものではなかった。

以上のように、日本政府や朝鮮総督府が強制的に日本式の氏名を名乗らせたとする記述は史実に反するものである。

まして、冒頭に紹介した東京書籍のほか、大阪書籍（一九五頁）、帝国書院（二〇九頁欄外）、日本書籍新社（一九九頁）、日本文教出版（一七七頁）、扶桑社（二〇八頁）は、朝鮮人の「姓名」を日本式に改めさせたものと記述している。たとえば帝国書院は「**夫婦が別姓の朝鮮の人々にとっては、同姓を名のることにもなり、日本の家族制度が朝鮮にもちこまれることになりました。**」と記述しているが、前述のように、夫婦は「同氏」を名乗ることにはなったが、戸籍上は「別姓」のままである。こうした記述は「姓」と「氏」の違いさえ認識できていない杜撰《ずさん》なものであり、教科書執筆者が「創氏改名」そのものをよく理解していないものと判断せざるを得ない。よって修正を要する。

なお、台湾では、創氏改名ではなく「改姓名」が行われた。したがって、台湾の人々は日本式の「姓名」を名乗ることもあったが、台湾における改姓名は許可制であり、申請した上で許可を得なければ日本式の姓名を名乗ることはできなかった。結局、日本名を名乗ることができた台湾人はわずかに二パーセント程度であり、強制などとは程遠いものであった。

戦後になって創氏改名が〝強制〟だった、などといまや常識のようにいわれている。しかし、台湾ではそのような事実はない。……

私自身、軍隊時代もずっと「蔡焜燦《さいこんさん》」で通し続けたが、それによって何か不都合・不利益があったということはない。奈良教育隊に入隊した台湾出身の同期約四十名の内、改姓名を名乗っていた者はわずか五名程度だったと記憶している。だが、改姓名を持つ者も持たない者も皆一様に、「日本軍人として立派に戦って、祖国・日本を護るのだ」と至純の闘志に満ち溢れていたことにはなんら変わりはなかった。

（蔡焜燦『台湾人と日本精神《リップンチェンシン》』一一八頁）

したがって、創氏改名もひっくるめて「『**皇民化**』**は台湾でも進められました**。」（東京書籍一八九）、「**このような政策は、台湾でもすすめられました**。」（教育出版　一六七頁欄外）とする記述は、修正ないし削除を要する。

○朝鮮の人々を「強制連行」したとの記述は修正を要する

支那事変とこれに続く大東亜戦争の長期化にともない、朝鮮から内地への労働力の動員が行われた。

動員方法には、「自由募集」、「官斡旋《あっせん》」、「徴用」の三段階があった。

「自由募集」とは、日本の企業が朝鮮で自由に労働者を募集することを認めたものである。それまでは朝鮮人が内地に移住することが制限されていたので、朝鮮で自由に労働者を募集することはできなかったが、労働力不足のためこの制限を撤廃したものである。

しかし、アメリカとの戦争が始まり、労働力不足がいっそう深刻になったため、一九四二（昭和十七）年、「官斡旋」が実施された。これは、朝鮮総督府が村ごとに人数を割り当てて、役所がその人数分、就職先を斡旋するものである。これによる就職はほぼ義務に近いものではあったが、内地における「徴用」とは異なり、労働者が就職先を辞めても罰則は科せられず、友人を頼って朝鮮人経営の会社に転職するケースも多かった。

また、朝鮮総督府の定めた「労働者斡旋ニ関スル綱領」では、労働者が不当な扱いを受けることのないよう、たとえば次のように、賃金や待遇について細かく指示されていた。

使用者は労働者の待遇並び争奪防止に関する協定を結ぶ。

労働者の標準年齢は二十才以上四十五才未満とする。

宿舎はオンドル（暖房装置）付きを無償貸与とする。

就労時間は日出から日没まで（適当な休息時間を含む）。

普通標準賃金は飯場《はんば》料の二日分に相当する額とする。

毎月二十五日以上稼働した者には一円以上の奨励金を加給する。

雇主は労働者への賃金支払のたびに一割程度を天引きしてこれを預金し、やむをえない場合を除き払い戻しをしない。雇主は労働者の貯金額が十円を増すごとに一円を奨励金として支給する。

飯場は直営や指定人が経営し、飯場料は一人一日当たり三十五銭を標準として四十銭を越えないこと、主食物は一日一人九合（米・粟の混食）を標準とする。

（朝鮮史研究会『朝鮮史研究会論文集』所収、広瀬貞三『「官斡旋」と土建労働者――「道外斡旋」を中心に――』二一〇頁～二一一頁参照）


その後、戦局の悪化にともない、労働力不足がさらに深刻になったため、一九四四（昭和十九）年九月、朝鮮でも内地と同様の「徴用」が実施された。ただし、朝鮮総督府は拒否した者への罰則の適用をできるだけ控えたため、目標の達成率は七十九パーセントにとどまった。

そうした朝鮮人の動員について、たとえば日本書籍新社（二〇一二頁）はこう記述する。

日本国内の労働力不足をおぎなうため、朝鮮や中国の占領地からは、多くの人々が内地に強制的につれていかれました。強制連行された朝鮮人の数は約70万人、中国人の数は4万人とされています。

仮に、罰則を伴う「徴用」をもって「強制連行」と解釈したとしても、徴用が行われたのは、戦局の悪化により関釜連絡船（下関～釜山）が閉鎖された翌年三月までのわずか六ヶ月間であり、これだけの期間内に七十万もの朝鮮人が徴用された事実はない。七十万という数につじつまを合わせようとすれば、「自由募集」までも「強制連行」に含めなければならないが、求人募集に応募して内地に働きに来たものを「強制連行」とするのはあまりにも無理があろう。

また「徴用」にしても、これに応じることは国民の義務であった。当時日本国民であった朝鮮の人々がこの義務を果たすことを「強制連行」と表現するのは不適切である。

たとえば、いま国民の義務の一つに納税の義務がある。そして税法には罰則が設けられ、納税の義務を果たさない者には罰も科せられるが、だからといって、普通に確定申告を行って税金を納めることを「強制徴収」とはいわない。納税の義務を怠り、税金を滞納した際に強制力をもって徴収することを、通常は「強制徴収」という。

これと同様、違反者に対する罰則が設けられていたからといって、ただちに「徴用＝強制連行」ととらえ、教科書に「多くの朝鮮人が強制連行された」と記述するのは、あまりにも短絡的かつ乱暴である。日本書籍新社のほかにも、清水書院（二〇〇三頁）が「**強制的に連行**」と記述し、大阪書籍（二〇〇頁）も「**強制的に動員**」と記述しているが、教科書ならば正しい日本語を使うべきであろう。よって、これらの記述は修正を要する。

なお、徴用された人々の生活も、けっして「**その労働条件は過酷で、賃金も低く、きわめてきびしい生活をしいるものでした。**」（東京書籍　一九三頁）といったものではなかった。

徴用によって広島の武器工場に勤務したある朝鮮人は、手記にこう記す。

徒歩で二十分ばかりの海岸に新しい木造二階建ての建物があった。それがこれから我々が寝起きする寄宿舎で、朝鮮応徴士たちを迎えるために新しく建てられた第二寄宿舎だという。

新しい建物なので少し安心する。

……室内を見回すと、〃たたみ（畳）〃二十枚を敷いた広い部屋に、新しく作った絹のような清潔な寝具が段になっている（約十坪の部屋）。……食卓の前に座っていると、やがて各自の前に食事が配られた。飯とおかずの二つの器だ。飯とおかずは思いのほか十分で、口に合うものだった。……ともかく食べることと眠ることは安心してもよいだろう。腹が減っていたところに、暖《ママ》かいおいしい飯を腹一杯たべたので生きかえったようだ。

（鄭忠海『朝鮮人徴用工の手記』二十一頁〜二十二頁）


干潮になると、食堂の後ろの浜辺でなまこや浅利《あさり》（貝）をたくさんとることができた。人手が足らなくて取らないのか、なまこや貝などがそこらじゅうに散らばっている。日課後にそんなものを採るのも面白かったが、それを煮たり焼いたりして酒盛りをするのは格別だった。食料品は何もかも不足していたが、ここではいろいろなものを食べることができた。

（同書　三十二頁）


「念仏には心がなく、祭りの飯にだけ心がある」と言うが、工場で働く男たちは武器生産に

は心がなく、女性たちとの恋だ愛だということばかりに心をうばわれているようで、工場内の風紀は言葉にならないほどだった。どの工場だったか、プレスを操作していた白某《ペクなにがし》という者が、作業中女性とおしゃべりをしていて、自分の親指をばっさり切り落としたことがあった。その白という友人は、恋のために親指を切り落とした最初の犠牲者になった。

（同書　一〇八頁）

これが徴用の実態である。全部が全部このようなものではなかったにせよ、朝鮮から動員された人々は、おおむね厚遇されていたのである。下手をすれば敵にさえなりかねない朝鮮人の協力を得なければならないのだから、当然といえば当然であろう。

となれば、あまりに悲惨さを強調した記述は、史実とはかけ離れたものといわざるを得ない。教育出版（一七三頁）も東京書籍と同様の記述を載せているが、いずれも修正ないし削除を要する。

第九章　大東亜戦争（太平洋戦争）①〔開戦への経緯〕

○日本側の呼称である「大東亜戦争」を正式呼称とすべきである

さきの戦争の呼称として、扶桑社だけが「大東亜戦争」を採用するほかは、各社とも「太平洋戦争」を採用している。大阪書籍および教育出版は脚注に「大東亜戦争」との呼称を記述しているものの、清水書院、帝国書院、日本書籍新社などは、ごく最近に単なる思い付きでつくられた「アジア太平洋戦争」との俗称まで掲げる一方、「大東亜戦争」との呼称は記述していない。

「大東亜戦争」との呼称は、一九四一（昭和十六）年十二月十二日、閣議で、「支那事変」をも含む呼称として採用されたものである。ところが終戦後、ＧＨＱによって「大東亜戦争」との呼称は、「八紘一宇《はっこういちう》」などとともに、軍国主義や過激なる国家主義を連想させるとの理由で、公文書での使用が禁じられた。しかしその真意は、さきの戦争を、日本によるアジアへの侵略戦争と位置づけるべく企図していたＧＨＱにとって、「大東亜戦争」との呼称が、「大東亜共栄圏建設」という理想を想起させ、さきの戦争における日本の行動を正当化しかねない、との懸念から使用を禁じたものである。そこでこれに代わって用いられたのが、アメリカ側の用いていた「太平洋戦争」との呼称である。

アメリカの占領下にあってこの指令に従うのはやむを得ないとしても、一九五二（昭和二十七）年に主権を回復してから半世紀以上も経たいま、もはやそのような指令に拘束されるいわれはない。むしろ、後述のように「大東亜共栄圏建設」の理想のもと、我々の父祖が多大なる犠牲を払いながら奮闘したことがアジア諸国の独立に大いに貢献したことを、堂々とわが国の誇るべき歴史として子供たちに伝えるべきであろう。

したがって、日本側の正式呼称であった「大東亜戦争」こそ、日本の教科書の中では正式な呼称とすべきであり、アメリカ側の呼称である「太平洋戦争」との呼称は括弧書きないし脚注とすべきである。そして「アジア太平洋戦争」との俗称は、わざわざ教科書に記載する必要はない。

○大東亜戦争を、自存自衛の立場から記述すべきである

日本は八千万に近い膨大な人口を抱え、それが四つの島の中にひしめいているのだということを理解していただかなくてはなりません。その半分が農業人口で、あとの半分が工業生産に従事していました。……

日本は絹産業以外には、固有の産物はほとんど何も無いのです。彼らは綿が無い、羊毛が無い、石油の産出が無い、錫《すず》が無い、ゴムが無い。その他実に多くの原料が欠如している。そしてそれら一切のものがアジアの海域には存在していたのです。

もしこれらの原料の供給を断ち切られたら、一千万から一千二百万の失業者が発生するであろうことを彼らは恐れていました。したがって彼らが戦争に飛び込んでいった動機は、大部分が安全保障の必要に迫られてのことだったのです。

（小堀桂一郎『東京裁判　日本の弁明』五六四頁。原文は歴史的仮名遣い）

これは、ダグラス・マッカーサーの言葉である。戦後、連合国軍最高司令官としてわが国に君臨し、東京裁判を開廷して、わが国を「侵略国家」として追及したマッカーサーが、後にわが国の置かれていた立場を理解し、一九五一年五月三日、アメリカ合衆国議会でこう証

言したのである。実際には「失業者の発生」どころではなく、生活物資も制限されるなど、まさにわが国の存亡の危機だったのではあるが、いずれにせよ、マッカーサーさえ認めているように、大東亜戦争は、わが国の自存自衛のための戦争であった。

わが国がアメリカやイギリスとの戦争に踏み切らざるを得なかった背景に、世界恐慌、およびそれにともなう諸外国のブロック経済化の進展があった。

一九二九年十月二十四日、ニューヨーク・ウォール街で株式相場が大暴落し（いわゆる暗黒の木曜日）、その影響が全世界に広まり、世界恐慌に陥った。

そうした中、一九三〇年六月、アメリカはホーリー・スムート法を成立させた。この法律は、不況下で国内産業を保護するため、アメリカに入ってくる輸入品に対し高率の関税を課し、輸入を抑制しようというものである。

イギリスもまた、一九三二年七月、カナダのオタワで、イギリス帝国経済会議（オタワ会議）を開催した。同会議では、イギリス帝国（イギリス本国およびインド・カナダなどイギリスの自治領や植民地）に属する九邦の代表が参加し、イギリス帝国内での貿易の保護化が決定された。イギリス帝国内における原料や商品の移動には、非課税または低関税を課すのみとする一方、帝国外からの輸入品に対しては高率の関税を課すことが決せられたのである。

こうして、当時わが国最大の貿易相手国であったアメリカと、世界の四分の一にも及ぶ広大な領土を有していたイギリスが相次いで貿易保護を図り、その他の主要国も次々とブロック経済化を進めたことで、貿易立国であったわが国は窮地に立たされた。

そこでわが国は、満洲および中国に活路を求め、一九三八（昭和十三）年十一月、近衛《このえ》文麿《ふみまろ》首相は東亜新秩序の建設を声明した（第二次近衛声明）。日本・満洲・中国を統合した独自の東アジア経済圏をつくろうとしたのである。

しかし、中国市場への参入を目指すアメリカは、中国大陸における門戸開放、機会均等を主張して、これを認めなかった。そして、この声明への対抗措置として、一九三九（昭和十四）年四月、日米通商航海条約の廃棄を通告し、翌一九四〇（昭和十五）年一月、同条約は失効した。こうして、江戸時代から続いた日米間の通商関係は解消されるにいたった。その結果、軍需物資のみならず生活物資までも、対日輸出が制限されたのである。

さらに十月には、日本軍が北部フランス領インドシナ（仏印＝いまのベトナム・ラオス・カンボジア）へ進駐したのを口実に、アメリカは、屑《くず》鉄の対日全面輸出禁止に踏み切った。当時、わが国の屑鉄の輸入の約七割は、アメリカからの輸入であった。これがストップしたのである。

この北部仏印進駐は、援蒋ルートを断つために行ったものである。第七章で述べたように、米英の援蒋行為が行われていたことで支那事変が泥沼化していた。そこで、支那事変を早く終わらせるために、援蒋ルートを断ち切るべく、フランスとの協定によって進駐したのであって、けっしていわゆる侵略ではない。しかし、これに対してアメリカは、右のような対抗措置をとったのである。

こうした情勢を受けて、わが国は、石油はじめ重要資源を確保するため、オランダ領東インド（いまのインドネシア）を領有していたオランダとの交渉を行った。しかし、一九四一（昭和十六）年六月に提出されたオランダ側の最終回答は、とうていわが国の満足しうるものではなく、交渉は決裂した。そして同年七月二十八日、オランダもまた、日本に対する輸出入の制限を発表した。

こうして、いわゆるＡＢＣＤ包囲網（アメリカ〔America〕、イギリス〔Britain〕、中国〔China〕、オランダ〔Dutch〕による日本に対する経済封鎖）が形成されていったのである。

さらにこれに追い討ちをかけるように、一九四一（昭和十六）年七月、アメリカは最後的対日経済制裁、つまり日本に対する石油輸出禁止措置の検討をはじめた。当時、わが国が輸入していた石油の大半は、アメリカからの輸入であった。それを止めてしまおうというのである。

戦後、東京裁判の中で、被告人の弁護を務めたウィリアム・ローガン弁護人はこう述べている。

一九四一(昭和十六)年七月二十六日の最後的対日経済制裁を米国大統領が真剣に検討していた時、彼はかかる措置の当否について軍部首脳の意見を求めました。これに対する軍部の答弁は断然「対日貿易は禁止すべきではない。もし禁輪を行えば、恐らく極めて近い将来において日本はマレーおよびオランダ領東インド諸島を攻撃するに至り、そして、恐らく米国を近い将来に太平洋戦争の渦中《かちゅう》に投ずることとなろうから」というのでありました。「現実主義的権威筋がほとんどこぞって」、日本に対し「徹底的経済制裁を加える」ことは「重大なる戦争の危機を意味」する、と主張したのみならず、忌憚《きたん》なき日本側の米国国務省官辺に対する批判もまた、かかる行動は「日本を、遅かれ早かれ、ゴムその他の物資確保のためマレー半島およびオランダ領東インド諸島に南下せざるをえない」状態に立ち至らせることになろうというのでありました。

(小堀桂一郎『東京裁判　日本の弁明』四一八頁　原文は歴史的仮名遣い、一部文語体)

このように、経済封鎖措置に出れば、日本が物資を確保するため、東南アジアに進攻し、日米戦争に至るであろうことを、アメリカは認識していた。にもかかわらず、八月一日、日本軍の南部仏印への進駐を口実に、対日石油輸出禁止措置に出た。

この南部仏印進駐は、戦争のやむなきにいたった場合に備えて軍事拠点を押さえておく、という意味合いもあったが、それよりもむしろ、右のような経済封鎖を受けて、コメやゴムなどの物資を確保するため、せめて仏印とタイだけは米英に押さえられる前に押さえておきたい、という必要に迫られてのものであった。この進駐もまた、先に述べた北部仏印進駐と同様、フランスとの協定に基づいて合法的に行われたものであって、侵略などではない。しかしアメリカは、これを口実に、最後的対日経済制裁を実施したのである。

このように悪化する一方の日米関係を何とか立て直そうと、八月、近衛首相は、日米首脳会談を企図した。直接ルーズベルト大統領に会って日本の真意を率直に伝えようとしたのである。しかしアメリカ側がこれを受けず、結局、首脳会談が実現することはなかった。

こうした情勢を受けて、九月六日の御前会議（天皇御臨席のもと重臣や大臣が集まって重大事項を審議する会議）では、対米戦争もやむなし、との決定がなされた。

ところが、これに対し昭和天皇は、

四方《よも》の海みな同胞《はらから》と思ふ世《う》に　など波風の立ち騒ぐらむ《ん》

との明治天皇の御製《ぎょせい》を詠み上げられた。世界中の人々がみな兄弟と思えば、なぜ争いなど起こることがあろうか、との意味である。こうして、何とか戦争を回避したい、との御意向を示されたのである。

そして十月十八日に首相に就任した東條英機《とうじょうひでき》に対しても、九月六日の御前会議の決定を白紙に戻してもかまわないから、アメリカとの和平に向けて努力せよ、との御意向を伝えられた（白紙還元《はくしかんげん》の御諚《ごじょう》）。この御意向を体して、東條内閣は、開戦反対派の東郷茂徳《とうごうしげのり》を外相に据《す》えた。

軍人である東條が首相と陸相、さらに内務相をも兼任したことをとらえて「軍部独裁の内閣」あるいは「戦争推進のための内閣」と評価されがちだが、それは誤った認識である。東條が東郷に外相就任を要請した際、こう語っている。

自分は日米交渉進捗《しんちょく》のため軍部を抑えなければならない。そのために総理と陸相とを兼務することにしたのだ。だから君は平和主義を実行することが出来る。

（土屋道雄『人間東條英機』一二八頁）

要するに、東條内閣は、「物資が完全に枯渇《こかつ》してしまわないうちに戦争を始めるべきだ」と主張する軍部を抑えつつ、なおも平和外交を継続するための内閣だったのである。

そして十一月、日本政府は、「甲案《こう》」「乙案《おつ》」という、わが国のギリギリの譲歩案をアメリカに提示した（後に詳述）。

しかし、最初から交渉に応じる意思がなく、むしろ日本の対米攻撃を望んでいたアメリカは、これに関心を示すことなく、十一月二十六日、それまでの日米交渉の経緯をまったく無視して、ハルノートを日本に突きつけた（後に詳述）。

これを受けてわが国は、アメリカ側に和平実現の意欲がないことを悟り、十二月一日の御前会議で開戦が決せられ、十二月八日、大東亜戦争開戦にいたったのである。

その他諸々の要因（たとえばアメリカにおける人種差別的反日意識など）もあったであろうが、おおよそ以上が、大東亜戦争に至った経緯である。

以上を要するに、アメリカ・イギリスなどがブロック経済化をおし進める一方、同じくアジアに独自の経済圏を構築して活路を求めようとしたわが国に対し、これを阻止すべく経済制裁が行われた。わが国は戦争を回避すべく粘り強くアメリカとの交渉を続けたが、アメリカが提示したハルノートによって交渉は決裂し、戦争に踏み切らざるを得なかったのである。

真珠湾攻撃前日の七日未明、東條は、和平を願う天皇の御意志に応えられなかったことを悔い、寝床に正座し、一人号泣していたという。大東亜戦争は、けっして日本が望んだ戦いではなかったのである。

にもかかわらず、扶桑社を除くほとんどの教科書は、以上のような世界情勢や、対米戦争回避に向けてのわが国の努力、米英の深慮遠謀などに触れていない。それどころか、軍国日本によるアジアへの侵略を阻止すべく、アメリカ・イギリスなどが経済制裁を行いつつ日本軍の撤退を要求したが、日本がこれに応じなかったため、戦争に至ってしまった、という文脈で記述している。たとえば、次のような記述である。

中国との戦争が長期化していた日本は、東南アジアに植民地をもつイギリスやフランスなどがヨーロッパ戦線に主力を注いでいる間に、この地域の資源を獲得するために進出しました。……

アメリカは、このような日本の侵略的な行動を強く警戒し、日本がフランス領インドシナを占領すると、日本に対する軍需物資の輸出を制限し、石油の輸出も禁じました。こうして、日中戦争解決のための日米交渉もうまくいかなくなるなか、日本は、アメリカとの戦争を決

意しました。1941年12月8日、日本はハワイの真珠湾を奇襲し、太平洋戦争が始まりました。

（東京書籍　一九二頁）

〝悪辣《あくらつ》な侵略国家＝日本〟と、これを阻止する〝平和愛好国家＝アメリカ〟の対立という図式である。また、清水書院（二〇七頁）は「**日本は、このみずからおこした侵略戦争によって悲惨な体験をし**」と記述し、日本がひどい目に遭ったのは自業自得だと子供たちに吹き込んでいるが、かつての敵将マッカーサーさえも日本の自衛戦争であったと認めている大東亜戦争を、なぜ日本の教科書が「侵略」と断じ、日本に全面的に非があったかのように記述して、祖国を悪しざまに貶めようとするのであろうか。

以上の史実を踏まえつつ、先の戦争を、わが国の防衛戦争とする立場から記述すべきである。

○戦争を決定的にした「ハルノート」に触れるべきである

前述のように、アメリカがわが国に突きつけたハルノートが日米開戦を決定的にした。

一九四一年四月以降ハルノートの提示にいたるまでの七ヶ月間、わが国の野村吉三郎《のむらきちさぶろう》駐米大使とアメリカのコーデル・ハル国務長官との間で、度重なる交渉がおこなわれた。

この間、わが国は交渉成立に向けて、できうる限りの努力をした。たとえば、アメリカに対して強硬的な松岡洋右《まつおかようすけ》が気に入らない、とのアメリカの非難を受けて、第二次近衛内閣は松岡を外相から外して第三次近衛内閣を成立させた、というエピソードもある。また、八月には日米関係の極度の悪化を打開すべく近衛首相が日米首脳会談を企図したことや、その後成立した東條内閣もアメリカとの和平交渉を続けるための内閣であったことは前述のとおりである。

交渉を重ねた末、わが国は、「甲案」および「乙案」という二つの妥協案を提示した。

「甲案」の内容は、次のようなものである。

①通商無差別原則（自由貿易原則）が全世界に適用されるならば、太平洋全域（中国を含む）においてもこれを認める。

前述のように、わが国は日本・満洲・中国を統合した独自の東アジア経済圏をつくろうとしていたので、中国における自由貿易原則は認めない、との立場をとっていた。しかし、そもそもわが国が東アジア経済圏の樹立を企図したのは、アメリカやイギリス、オランダなどが自由貿易を認めなくなったからなので、これらの国々が自由貿易を認めてさえくれれば、中国においてもこれを認める、としたものである。要するに、「中国で自由に経済活動をさせろ」というアメリカの要求を条件つきで受け入れたものである。

②三国同盟による参戦義務が発生したかどうかの解釈は、あくまでも自主的に行う。

わが国がドイツ・イタリアと締結した日独伊三国同盟の第三条では、三国のいずれかが「現在第二次世界大戦または支那事変に参入していない一国」（要するにアメリカ）によって攻撃されたときは、あらゆる政治的、経済的、軍事的方法でお互いに助け合うものと規定されていた。これを文字通り解釈すれば、ドイツ・イタリアがアメリカに攻撃された場合、わが国はアメリカを攻撃し、ドイツ・イタリアを助けなければならないこととなる。しかしわが国は、日本の自主性を第一とし、日本の自主性を曲げてまでドイツ・イタリアの指図は受けない旨を表明した。つまり、アメリカがドイツ・イタリアを攻撃したとしても、それがアメリカの自衛のための正当な攻撃と認められるものであれば、日本は必ずしもアメリカを攻撃しない、と表明したのである。現に、この甲案を提出した時点で、アメリカとドイツはすでに戦闘状態に入っていたが、わが国はアメリカを攻撃することなく、戦争回避に向けて交渉を続けていた。つまり、アメリカの要求に応じて、日独伊三国同盟を事実上死文化していたのである。

③中国からの撤兵問題について、一部地域の日本軍は日中和平が成立した後も所要期間駐屯するものの、その他の日本軍は和平成立とともに撤兵をはじめ、二年以内に完了する。仏印の日本軍については、支那事変の解決、または公正な極東平和の確立とともに、ただちに撤兵する。

日米交渉の中で、アメリカは、日中間の平和成立後二年以内に日本軍が全面撤兵するよう主張していた。甲案では、原則としてこの要求をそのまま受け入れたのである。ただし、共産主義の脅威を防ぐため、例外的に一部地域で「所要期間」駐屯するものとした。この「所要期間」についても、おおむね二十五年間との期限を設けた。無期限の駐屯に難色を示していたアメリカの意向をふまえて、こうした期限を明確に示したのである。

仏印については、もともとわが国が進駐したのは、援蒋ルートを断ち切って支那事変を終結させるためなので、支那事変さえ解決すればすぐに撤兵する、との意図を明確にしたのである。

このように、「甲案」は、わが国がアメリカ側の要求を受け入れ、大幅に譲歩した提案だったのである。

この「甲案」でもなお交渉が成立しない場合に備えて、日米戦争勃発を防止し、交渉をさらに続けるための暫定《ざんてい》措置案として作成されたのが「乙案」である。「乙案」では、次の条件を提示した。

①日米両国政府は、現在日本軍の駐屯する仏印を除き、東南アジア及び南太平洋地域に武力進出を行わない。

②日中間の平和回復、または太平洋地域における公正な平和が確立された暁には、仏印から軍隊を撤退する。乙案が成立すれば、当面、南部仏印の軍隊は北部仏印に移駐する。

③日米両国政府は、仏印において必要な物資の獲得が保障されるよう相互協力する。

④日米両国政府は、相互通商関係を資産凍結前の状態に復帰し、米国は石油の対日供給を行う。

⑤米国政府は、日中両国間の全面的平和回復に支障をあたえるような行為（援蒋行為）を行わない。

乙案は、要するに、日米両国の関係をせめて決定的に悪化する以前の状態、つまりわが国の南部仏印進駐およびアメリカの最後的対日経済制裁が行われる以前の状態に戻して、お互いに敵対的な行為をやめて平和的に交渉を続けよう、という提案である。

このように、わが国は、日米交渉の中で再三の譲歩を重ねつつ、なんとかアメリカとの交渉を成立させようと努めていたのである。

にもかかわらず、アメリカは「甲案」「乙案」に関心を示すことなく、十一月二十六日、わが国にハルノートを提示してきた。ハルノートには、「合衆国政府及《および》日本国政府ノ採ルヘキ措置」として、十項目にわたる措置が掲げられていたが、その内容は、それまでの日米交渉の経緯を踏まえたものではなく、アメリカ側の要求を一方的に押し付けるものであった。

たとえば、撤兵問題について、わが国が中国および仏印から一切の陸海空軍兵力および警察力を撤収するよう要求してきた。前述のように、アメリカは、日中間の平和成立後二年以内に日本軍が全面撤兵すべきことを主張していた。にもかかわらず、ハルノートでは突如、日中間の平和成立後という条件を設けることなく、しかも、陸海空軍兵力のみならず警察力をも撤収することを要求してきたのである。そのようなことをすれば、中国に移り住んでいた数多くの邦人の身の安全は確保されず、邦人は中国にいられなくなる。つまり、日本国民はすぐに中国から出て行け、というに等しい要求なのである。

また、蒋介石政権以外の中国におけるいかなる政府・政権をも支持しないよう要求してきた。つまり、それまでわが国は、中国における親日的政権である汪兆銘《おうちょうめい》政権を支持してきたが、その汪兆銘政権とは完全に縁を切って、これまで日本と対立してきた、アメリカの支持する蒋介石政権だけを中国の政府として認めよ、と要求してきたのである。これは要するに、それまでの中国での日本の行動を誤りと認めて、蒋介石に謝罪せよ、と要求するに等しいものといえよう。

さらに、一九〇一年の北京議定書による諸権利をも含む中国における一切の諸権益の放棄という条件が掲げられた。これも、それまでの交渉の中では全く俎上《そじょう》にのぼることのなかった事項である。それを、突如要求してきたのである。

なお、この「中国からすぐに出て行け」「蒋介石政権以外の中国の政権を支持するな」「中国における一切の諸権益を放棄せよ」の「中国」に満洲が含まれるのか否かが、ハルノートでは明確にされておらず、現在でも議論の対象となっている。

もともとハルノートの原案では、「中国（満洲を含む）」との括弧《かっこ》書きが付されていた。つまり、「日本は満洲からもすぐに出て行け」と明確に要求していたのである。しかし、ハルノートが日本に手交される際に、この「（満洲を含む）」との括弧書きが外された。したがって、「あえてこの括弧書きを外したということは、ハルノートにおける「中国」には満洲は含まれないのだ」と解釈することも可能ではある。

しかし、「中国」に満洲が含まれるか否かは、日米間ではきわめて微妙な問題であった。したがって、もしアメリカが「日本は『中国』から出て行け。ただし満洲は別である」という明確な意図をもっていたのであれば、「中国（満洲を除く）」と明記すべきところである。にもかかわらず、あえてこのような括弧書きを付することなく日本側に手交したことを勘案すれば、「アメリカが満洲国を承認したことはないのだから、『中国』に満洲が含まれるのは当然である。だからわざわざ書く必要はないだろう。」という意図で外したものとも解釈できる。

あるいは、あえてこの問題をあいまいにしておいて、「満洲の問題については、これからまたゆっくりと話し合いましょう」という時間稼ぎを狙っていたのかもしれない。

いずれがアメリカ側の真意かは定かではないが、アメリカが満洲国を国家として承認していなかったことを踏まえれば、少なくとも法理上は、アメリカがただ単に「中国」といった場合には満洲も含まれることになる。日本政府も、ハルノートの強硬な内容から類推して、そのように解釈した。つまり、ハルノートは「日本国民は満洲からもすぐに出て行け」「汪兆銘政権だけでなく、満洲国も否認せよ」「日露戦争で日本が獲得した満洲における諸権益をも一切放棄せよ」と要求するものだったといえよう。

交渉とは、両者がそれぞれのスタート地点からお互いに少しずつ歩み寄って妥協点を見出すよう努めるべきものである。したがってわが国は、何とか交渉を成立させようと、アメリカ側に大幅に譲歩した「甲案」「乙案」を提示した。しかしアメリカは、七ヶ月にもわたり日本と交渉したあげく、最後の最後になって、スタート地点よりもさらに後退した要求を突如日本側に示してきたのである。

東条内閣の海軍大臣を務めた嶋田繁太郎《しまだしげたろう》海軍大将は、東京裁判で、その衝撃をこう陳述している。

それはまさに晴天の霹靂《へきれき》であった。アメリカにおいて日本のした譲歩がいかなるものにせ

よ、余はそれを戦争回避のための真剣な努力と解し、かつアメリカもこれに対し歩み寄りを示し、もって全局が収拾されんことを祈っていた。しかるにこのアメリカの回答は、頑強不屈にして、冷酷なものであった。それは、われわれの示した交渉への真剣な努力は少しも認めていなかった。ハル・ノートの受諾を主張したものは、政府部内に一人もいなかった。その受諾は不可能であり、その通告はわが国の存在を脅かす一種の最後通牒《つうちょう》であると解せられた。この通告の条件を受諾することは、日本の敗退に等しいというのが全般的意見であった。

（田中正明『パール博士の日本無罪論』一五四頁）

また、パール判決文の次のくだりは、よく知られている。

現在の歴史家でさえも、つぎのように考えることができる。すなわち「今次戦争についていえば、真珠湾攻撃の直前に米国国務省が日本政府に送ったものと同じような通牒を受取った場合、モナコ王国《（ママ）》やルクセンブルク大公国でさえも合衆国にたいして戈《ほこ》をとって起きあがったであろう。」

（東京裁判研究会『パル判決書（下）』四四一頁）

さらにハル自身、ハルノートが戦争に直結するものであることを認めるかのように、十一月二十七日、陸軍長官スチムソンにこう語った。

私はそれ（＝日本との交渉　引用者註）**から手を引いた。いまやそれは君とノックスとの手中、つまり陸海軍の手中にある。**

（実松譲編『現代史資料（34）太平洋戦争（一）』所収、「スチムソンの日記」十六頁）

ちなみに、ハルノートの原案を起草したハリー・ホワイト財務省特別補佐官が、実はソ連のスパイであり、ハルノート自体、ソ連で作成され、ホワイトによって手渡されたものであることが、のちに明らかになっている。つまり、支那事変では中国共産党の挑発によって日本と国民党が戦わされたように、大東亜戦争は、ソ連の挑発によって日本とアメリカが戦わされたようなものなのである。もっとも、大東亜戦争については、ルーズベルト自身が対日戦争を望んでいた点、支那事変の蒋介石とは異なるが、支那事変、大東亜戦争とも、背後にソ連があったといってよかろう。

それはともかく、以上のようなハルノートの重大性にもかかわらず、扶桑社を除くいずれの教科書もハルノートに触れていない。

日本文教出版（一八二頁）にいたっては、次のように、わが国に全面的に非があるかのように記述している。

アメリカは、日本の東南アジアへの進出に対して、イギリス・オランダとともに警戒心を強め、日本への石油輸出を禁止し、東南アジアからの日本軍の撤退を要求した。しかし、日本はこれをはねのけ、軍部は対米戦争の準備を進めた。

わが国がアメリカの要求（ハルノート）を「はねのけ」たのは、それがあまりにも理不尽なものだったからである。にもかかわらず、あたかもアメリカが穏当な要求を示したのに対し、好戦的なわが国がこれを強硬にはねのけて戦争に突き進んでいったかのように描かれている。戦争回避に向けたわが国の外交努力やハルノートの不当性を一切無視した、大東亜戦争にいたる経緯を歪めて伝えるきわめて不当な記述である。よって修正すべきである。

第十章　大東亜戦争（太平洋戦争）②〔日本の奮闘〕

○わが国の奮闘とアジアの人々の協力について記述すべきである

第二次大戦において**日本人**は**日本**のためというよりも、むしろ**戦争**によって**利益**を得た**国々**のために**偉大**なる**歴史**を**残**したといわねばならない。その**国々**とは**日本**の**掲**げた**短命**な**理想**であった**大東亜共栄圏**に**含**まれていた**国々**である。**日本人**が**歴史上**に**残**した**業績**の**意義**は、アジアとアフリカを**支配**してきた**西洋人**が、**過去二百年**の**間**に**考**えられていたような**不敗**の**半神**ではないことを、**西洋人以外**の**人類**の**面前**において**明**らかにした**点**にある。

（アーノルド・トインビー＝イギリス・歴史学者）

大東亜戦争でわが国は、「大東亜共栄圏建設」の理念を掲げて戦った。これは、当時欧米諸国の支配下にあった東アジア（東亜）の人々を解放し、東アジア諸国を独立させて、日本をはじめとする東アジアの諸国家による共存共栄の新秩序を樹立しようという理念である。つまり大東亜戦争は、わが国の自衛戦争であったと同時に、アジアの人々にとっては、欧米諸国の植民地支配から脱却するきっかけとなる戦争でもあったのである。

しかし、当時のわが国とアジアとの関係について、扶桑社を除く各社の記述は、おおよそ次のようなものである。

長い間、欧米諸国の植民地とされてきたアジアの人々は、**日本軍に期待**をしました。しかし、**占領地**では、**住民**にきびしい**労働**をさせたり、**戦争**に**必要**な**物資**を**取り立て**たりすることもありました。さらに、**占領**に**反対**する**人々**を**弾圧**したりしました。このため、**東南**アジアでは、**日本軍**に**抵抗**し、**独立**に**向け**た**動き**も**出**てきました。

（教育出版　一七一頁）

あまりにも浅薄《せんぱく》な、きわめて偏った歴史認識といわざるを得ない。

多言を弄《ろう》するより、まずは大東亜戦争の意義を高く評価するアジアの人々の発言を紹介する。

◇インド

インドでは**当時**、イギリスの**不沈戦艦**を**沈**めるなどということは**想像**もできなかった。そ**れ**をわれわれと**同**じ**東洋人**である**日本**が**見事撃沈**した。**驚**きもしたが、この**快挙**によって**東洋人**でもやれるという**気持**ちが**起**きた。
（ラダ・クリシュナン＝元首相）

インドは**程**なく**独立**する。その**独立**の**契機**を**与**えたのは**日本**である。インドの**独立**は**日本**のおかげで三十年早まった。これはインドだけではない。インドネシア、ベトナムをはじめ**東南アジア諸民族**すべて**共通**である。インド**四億**の**国民**は**深**く、これを**銘記**している。（グラバイ・デサイ＝インド弁護士会会長、法学博士）

われわれインド国民軍将兵は、インドを**解放**するために**共**に**戦**った**戦友**としてインパール、コヒマの**戦場**に**散華**《さんげ》した**日本帝国陸軍将兵**に**対**してもっとも**深甚**《しんじん》なる**敬意**を**表**わします。インド国民は大義のために生命を捧げた勇敢な日本将兵に対する恩義を末代にいたるまでけっして忘れません。我々はこの勇士たちの霊を慰め、御冥福をお祈り申し上げます。

（S・S・ヤダバ＝インド国民軍大尉）

◇インドネシア

われわれインドネシア人は、オランダの鉄鎖を断ち切って独立すべく、三百五十年間にわたり、幾度か屍山血河《しざんけつが》の闘争を試みたが、オランダの巧緻《こうち》なスパイ網と、強靭《きょうじん》な武力と、過酷な法律によって圧倒され壊滅されてしまった。それを日本軍が到来するや、たちまちにしてオランダの鉄鎖《てっさ》を断ち切ってくれた。インドネシア人が欣喜雀躍《きんきじゃくやく》、感謝感激したのは当然である。

（アラムシヤ＝元第三副首相）

われわれアジア・アフリカの有色民族は、ヨーロッパ人に対して何度となく独立戦争を試みたが、全部失敗した。インドネシアの場合は、三百五十年間も失敗が続いた。それなのに、日本軍が米・英・蘭・仏をわれわれの面前で徹底的に打ちのめしてくれた。われわれは白人の弱体と醜態《しゅうたい》ぶりを見て、アジア人全部が自信を持ち、独立は近いと知った。そもそも大東亜戦争はわれわれの戦争であり、われわれがやらねばならなかった。そしてわれわれの力でやりたかった。

（ブン・トモ＝元情報相）

日本が戦争に負けて日本の軍隊が引き上げた後、アジアに残っていたのは外ならぬ日本の精神的、技術的遺産であった。この遺産が第二次大戦後に新しく起こった東南アジアの民族独立運動にとって、どれだけ多くの貢献をしたかを認めなければならない。日本が敗戦国になったとはいえ、その精神的遺産は、アジア諸国に高く評価されているのである。その一つに、東南アジアの教育に与えた影響があげられる。……（日本は）目標達成のためにどれほど必死にやらなければならないかということを我々に教えたのであった。この必死の訓練が、後のインドネシア独立戦争の時に役立ったのである。

（アリフィン・ベイ＝ナショナル大学日本研究センター所長・政治学博士）

◇タイ

日本のおかげで、アジア諸国はすべて独立した。日本というお母さんは、難産して母体をそこなったが、生まれた子どもはすくすくと育っている。今日、東南アジアの諸国民が米・

英と対等に話ができるのは、いったい誰のおかげであるのか。それは身を殺して仁をなした日本というお母さんがあったためである。十二月八日は、我々にこの重大な思想を示してくれたお母さんが、一身を賭《と》して重大決意された日である。さらに八月十五日は、我々の大切なお母さんが病の床に伏した日である。我々は、この二つの日を忘れてはならない。

（ククリット・プラモート＝元首相）

◇ビルマ

ビルマ人はアジアを結合せしめアジアを救う指導者を待望しつつありしが遂にこれを大日本帝国に発見せり。……ビルマ人はこのビルマに対する最大の貢献に対する日本への感謝を永久に記録せんことを希望するものなり。

（バー・モウ＝元首相）

歴史は、高い理想主義と、目的の高潔さに動かされたある国が、抑圧された民衆の解放と福祉のためにのみ生命と財産を犠牲にした例を、ひとつくらい見るべきだ。そして日本は人類の歴史上、初めてこの歴史的役割を果たすべく運命づけられているかに見える。

（ウー・ヌー＝外相）

◇フィリピン

かねてから予見しているように日本が負け、フィリピンが再び米国の制圧下に入ったとしても、この戦争の影響は必ず子孫に及び、アジア人のアジアなる思想は受け継がれてゆくだろう。

（ラウエル＝大統領）

◇マレーシア

日本軍政は東南アジアの中でもっとも政治的意識が遅れていたマレー人に、その種をまき、成長を促進させ、マラヤにおける民族主義の台頭と発展に〝触媒〟の役割を果たした。

（ザイナル・アビディーン＝歴史学者）

先の戦争にあたって、日本の皆様が私たちの独立を大きく助けてくださいました。日本の皆様がしてくださった最も重要なことは、東南アジアの人びとに初めて『自信』というものをもたらしたということです。

（サイド・フセイン・アラタス＝マラヤ大学副学長）

アジアの声に真摯《しんし》に耳を傾けよ、とは、しばしばわが国を断罪するために用いられる言葉であるが、ならば公平に、このようにわが国が大東亜戦争を戦った意義を高く評価するアジアの声にも真摯に耳を傾けるべきであろう。

当時のアジアは、タイを除いて、ことごとく欧米列強の支配下にあり、幾度となく独立を目指す闘争も行われたが、鎮圧され続けた。

ところが、日本が宣戦布告するや、わずか数日〜数ヶ月間で欧米列強を駆逐《くちく》した。アジアの人々と同じ有色人種である日本人が、数十年〜数百年にわたりアジア地域を支配し民衆を虐げてきた白色人種をかくもたやすく駆逐したことは、アジア民衆に強烈な衝撃を与えた。

しかも、わが国はその後、欧米諸国に代わってこれらの地域を植民地支配することなく、「インドネシア祖国防衛義勇軍」や「インド国民軍」など独立義勇軍の組織・指導に尽力した。そして、フィリピンやビルマを独立させ、一九四三（昭和十八）年十一月には大東亜会議を開催し、大東亜共同宣言を採択して、アジア諸国の独立をいよいよ確固たるものとした（後に詳述）。こうして、アジアの人々は勇気と自信を取り戻し、終戦後、欧米諸国がアジアの支配を回復すべく再び侵攻してきた際も、屈服することなくこれを打ち払い、独立を果たしたのである。

インドネシアでは、終戦後も「われわれはインドネシア独立のために来たのだ」との使命感から、約二千もの日本兵が軍を離れ、あえて帰国することなくインドネシアに残った。そしてインドネシア独立のため、現地の人々と力を合わせ、植民地回復のため戻ってきたオランダ軍と戦った。結果、ついにこれを撤退させ、インドネシアの独立を達成したのである。

今、**インドネシアも**、**その他の国も**、**大東亜戦争**で、**日本軍の憲兵隊**《けんぺいたい》**が弾圧**したとか、**多数の労務者を酷使**したとか、そんなことばかり言っているけれども、そういうことは**小さい問題**だ。いかなる**戦場**でも、そういうことは**起**こり**得**る。**何千年前**もそうだったし、**今後**もそうだ。**日本**がやった**基本的**なことは、すなわち**最**も**大**きな**貢献**は、われわれに**独立心**をかき**立**ててくれたことだ。そして、**厳**しい**訓練**をわれわれに**課**してくれたことだ。これは、オランダの**思**いもおよばないことだ。**日本人**はインドネシア**人**と**同**じように**苦労**し、**同**じように**汗**を**流**し、**同**じように**笑**いながら、われわれに**対**して〝**独立**とは**何**か〟〝どういう**苦労**をして**勝**ち**取**るものか〟を**教**えてくれた。これは、いかに**感謝**しても**感謝**しすぎることはない。**これ**は、**PETA**《ペタ》（**独立義勇軍**）の**訓練**を**受**けた**人**たちが**残**らず**感**じていることなんだ。

（サンバス＝インドネシア・元復員軍人省長官）

ちなみに、インドネシアの独立宣言の日付は「〇五年八月十七日」となっている。〇五年とは、日本の皇紀二六〇五年（西暦一九四五年）を意味するものである。また、インドネシアの国旗は赤と白の二色からなるが、これもやはり、わが国への感謝の念をこめて、日の丸と同じ赤白の二色を用いたものといわれている。このような友邦を、各教科書のような歪められた歴史認識によって失うことなく、これからもいっそう友好を深めたいものである。

ただし、けっして「日本がアジア諸国を独立させてやった」などと奢《おご》ることがあってはならず、わが国の奮闘の背景に、次のようなアジアの人々の協力があったことを忘れてはならない。

戦争中は物資の供出や労役で多くの人々が苦しんだのも事実であろう。

そこで、私はそのことをパラオ政府顧問のイナボ氏に聞いてみた。するとイナボ氏は、

「それ（労役）は日本の内地から来た民間人もやっていたことです。同じことです」と、平然と私に述べられたのである。

他のパラオ人にも同様の質問をしてみたが、同じような答えであった。実に有難い限りである。

パラオの親日は、これだけに止まらない。

連合軍が上陸したアンガウル島では、現地民全員が日本軍と一緒に玉砕《ぎょくさい》することを懇願したという。だが、宇都宮五十九連隊第一大隊（後藤丑雄《ごとううしお》少佐）は、隊長命令で彼らを全て連合軍へ降伏させた。日本軍は、パラオの民間人を戦闘に巻き込むことを極力回避するよう努力してきたのである（ペリリュー島では戦闘に先立って、現地民をパラオ本島へ避難させた）。アンガウル島の人々は、降伏の強制命令が出たその日を、今でも島のお祭りの日（島民蘇りの日）としている。

日本軍に協力して遠くニューギニアまで行き、戦闘に参加したパラオの人々もいる。パラオ挺身隊である。パラオ挺身隊の生き残りであるヤノ・マリウル氏は「私たちは最後まで日本軍人として戦うつもりでいた」とのべられている。「パラオ人戦死者を、ぜひ靖国神社へ祀ってほしいとも」とも言われる。

かつて日本の統治下にあった朝鮮や台湾人の戦死者は靖国神社へ祀られているのだから、パラオも同様に扱ってほしい、というのである。人々の親日感情、日本への思慕の思いは今も根強く残っている。

（名越二荒之助『大東亜戦争とアジアの歌声』六十五頁～六十六頁）

また、ビルマでは、次のようなエピソードも残っている。

英雄的行為も生まれたが、その一つは、戦時中のアジア人の間で伝説となった。サルウィン川での戦いの真最中、数人の日本人将校がビルマ人にボートで対岸に渡してくれるようたのんだ。船の通路は数ヵ所の英国側陣地からまる見えで、その射程距離にあったから、船を出すことは死にに行くようなものだった。しかし四人のビルマ人船頭が進み出た。二人の船頭と日本人将校が船底に伏せ、残りの二人の船頭はまっすぐ平然と立って櫓《ろ》をこいだ。船が川の中ほどに来て、岸からまる見えになった時、二人のこぎ手は弾雨の中に倒れた。残る二人の船頭は一言もしゃべらず、騒がず、すぐに持ち場に着いてこぎ出した。ちょうど、船が対岸に着いた時、この二人も弾にあたって死んだ。これは、例のない英雄的行為であった。日本の新聞、ラジオはひろく、この話を伝え、日本全国と東南アジア諸国で感動を呼び起こしたのであった。

（バー・モウ『ビルマの夜明け』一六九頁）

日本軍の無謀ぶりを揶揄《やゆ》するためにしばしば引用されるインパール作戦の中でも、感動的なエピソードが残っている。

光機関（対インド工作にあたった機関　引用者註）の**工作員が敵陣へ近付くと英印軍**（インド人兵士からなるイギリス軍　引用者註）**が射撃してきたため、インド国民軍の工作員が日本人工作員の前に立ちはだかり、大声で叫びました。**

「日本人を殺すな。われわれインド人の独立のために戦っているんだぞ！」ヒンズー語の叫びを聞いて射撃は一瞬止みましたが、すぐに射撃が再開されました。すると今度は日本人工作員が立ち上がって両手を広げ、ヒンズー語で叫びました。「同胞を殺すな。撃つならまず俺を撃て。俺はお前達に話に行くところだ。武器は持っていない」

これを見ると、再びインド国民軍兵が日本兵の前に両手を広げて立ちます。この繰り返しにとうとう相手は根負けして、一個大隊すべてが寝返ったということです。

（名越二荒之助編『世界から見た大東亜戦争』三四一頁）


こうして、敵味方に分かれて戦っていたインドの人々が一つとなって、日本に協力してくれたのである。その後、日本は戦争に敗れ、イギリスが再びインドを支配するために戻ってきたが、インドの人々は一丸となってこれを追い払い、独立を勝ち取った。

太陽の光がこの地上を照すかぎり、
月の光がこの大地を潤すかぎり、
夜空に星が輝くかぎり、
インド国民は日本国民への恩は決して忘れない。
（Ｐ・Ｎ・Ｌｅｋｈｉ＝インド・最高裁弁護士）

わが国もまた、そもそもは日本の戦争であった大東亜戦争に協力し、力を尽くしてくれたインドはじめアジアの人々への恩を決して忘れてはなるまい。

大東亜戦争とは、わが国がアジアの人々の協力を得て、欧米列強を相手に力を合わせて戦い抜いた戦争だったのである。

今なお一部の政治家がアジアに出かけては、やみくもに謝罪を繰り返しているが、彼らは、わが国がアジア諸国を相手に戦争したものと勘違いしているのではないのだろうか。あるいは、わが国が進攻する以前のアジアでは人々が平和に暮らしていたとでも思っているのだろうか。そのような歴史認識に基づく謝罪は、全く見当違いなものなのである。

日本の政治家はどうしておわびばかりするのか。今もT氏は私に会うと一番に「過ぐる大戦において我が国は貴国に対してご迷惑をおかけして申し訳ありませんでした」というのだ。私は思わず言ってしまった。「どうしてそんな挨拶をするのか。我々はぺこぺこする日本人は嫌いだ。なぜサムライらしく毅然としないのか。日本はどんな悪いことをしたと言うのか。大東亜戦争でマレー半島を南下した時の日本軍はすごかった。わずか三ヶ月でシンガポールを陥落させ、我々にはとてもかなわないと思っていたイギリスを屈服させたのだ。私はまだ若かったが、あの時は神の軍隊がやってきたのだと思っていた。日本は敗れたが英軍は再び取り返すことができず、マレーシアは独立したのだ」と。

（ガザリー・シャフィー＝マレーシア・元外務大臣）

恥をかくのは、T氏のような〝謝罪愛好家〟だけで十分である。子供たちにはそのような恥をかかせたくはないものである。

もとより、当時は戦争継続中であり、軍需物資を現地で調達する必要があったことから、アジア諸国の即時独立というわけにはいかず、また時に住民と衝突することもあったであろう。しかし、影があれば光もある。そして、各教科書が強調する影の部分以上に光の部分が強烈であったからこそ、アジアの人々の口から、大東亜戦争を高く評価する発言がかくも多く述べられたではないのだろうか。

にもかかわらず、冒頭で紹介したように、扶桑社を除く各教科書の描く大東亜戦争は、暗黒一色である。

たとえば、清水書院（二〇二頁）は「**日本の占領政策**は、**欧米**にかわる、**植民地支配**にほかならなかった。」と断じている。しかし、その〝被害者〟はこう評価しているのである。

大日本帝国は軍政を最終的に撤廃し、**フィリピン共和国の独立を承認するということのうえない形で**、**その高邁《こうまい》な精神と理念を証明した**。**帝国はその全ての誓約と宣言を誠実に守り**、**フィリピン国民が憲法を制定し**、**自らの文化と伝統に調和する国家を樹立する最大の機会を開いたのである**。

（パルガス＝フィリピン・駐日大使）

ビルマ、**インドネシア**、**フィリピンなどの東アジア諸国の植民地支配は一掃され**、**次々と独立し得たのは**、**日本が育んだ自由への炎によるものであることを特に記さねばならない**。

（ハビブル・ラーマン＝インド・元国民軍大佐）

あの戦争によって、世界のいたるところで植民地支配が打破されました。そしてこれは、日本が勇戦してくれたお陰です。新しい独立国が、多く火の中から不死鳥のように姿を現しました。誰に感謝をささげるべきかは、あまりにも明白です。

（タナット・コーマン＝タイ・元副首相）

また、帝国書院（二〇九頁）は「日本語教育などの政策も進められたので、これらの地域でも、抗日運動がおこりました。」と記述するが、わが国は同時に、現地の言語や文化も尊重していた。

私たちは、マレー半島を進撃してゆく日本軍に歓呼の声をあげました。敗れて逃げてゆく英軍を見たときに、今まで感じたことのない興奮を覚えました。しかも、マレーシアを占領した日本軍は、日本の植民地としないで、将来のそれぞれの国の独立と発展のために、民族の国語を普及させ、青少年の教育をおこなってくれたのです。

（ラジャー・ダト・ノンチック＝マレーシア元上院議員）

私の人生で今日ほど幸せだったことはない。わが国土から英国が追放され、偉大なアジア

民族が馳せつけて他のアジア民族を解放してくれた。我々に古代の遺産と国土の自由、宗教、文化を取り戻してくれた。私は死ぬ前にこの幸せな日を見ることができた喜びに泣いた。
（コドー・マイン＝ビルマ・民族解放派指導者）

日本の来歴をより暗く描こうとする論者は、しばしば「アジアとの友好」を大義名分に掲げる。つまり、過去の過ちから目をそむけることなく、真摯《しんし》にこれを受け止めて反省し、心から謝罪することがアジアとの友好につながる、という建前である。おそらく扶桑社を除く各教科書の執筆者もそうした建前を掲げるのであろうが、しかし、たとえば大阪書籍（一九九頁欄外）が設けている次の課題を見ていただきたい。

日本の占領地でどのような抗日運動があったのか、調べてみよう。

日本とアジアとの憎悪と反目の歴史を子供たちに一生懸命調べさせることがアジアとの友好につながるなどとは到底思えないのだが、いかがだろうか。こうした記述を見る限り、アジアとの友好を育もうなどという意図は微塵《みじん》も感じられず、それどころかアジアとの関係をわざわざ悪化させようとしているのではないかとさえ疑いたくなる。

アジアとの友好を育もうというのであれば、たとえば次のようなアジアの声を紹介すべきであろう。マレーシア独立の英雄、ラジャー・ダト・ノンチックが作詞した歌『日本人よありがとう』の歌詞である。

日本人よありがとう

作詞　ラジャー・ダト・ノンチック
作曲　田中舘貢橘《たなかだてこうきつ》

一、**みずからもひもじい時に　配給のわずかなパンを**
持ってきてくれた乙女ら　ああ日本は美しかった
真白き富士の気高さと　歌う黒髪瞳清らか

二、**空襲のサイレン鳴れば　真っ先に僕らを壕に**
案内してくれた若者　日本人はひたむきだった
アジアのためのたたかいに　力尽くして彼等は散った

三、**戦いに敗れた後の　生きるすべあてない街で**
励ましてくれた友らよ　日本人は親切だった
独立のため生き抜けと　握り合う手に涙こぼれた

四、あの頃は苦しかったが　アジアには平和がおとづれ
民はみな祖国を持った　ああ日本の若人たちよ
こころを継いであたたかく　共に栄える明日に進もう
ああ日本の若き友らよ　こころとこころ結び合い
豊かなアジア共に築こう

（名越二荒之助『大東亜戦争とアジアの歌声』六十五頁～六十六頁）

心を合わせて豊かなアジアを築こう、というアジア独立の英雄から日本の若者へのメッセージか、それとも、日本とアジアとがいかに憎しみあったかを調べさせる大阪書籍の課題か。いずれが未来を担う子供たちの教科書にふさわしい内容であり、かつアジアとの友好構築に寄与するものであるか、教科書執筆者にはよく考えていただきたいものである。

子供たちには、祖国日本の来歴に自信と誇りを持ってもらいたい。それとともに、父祖が命をかけて築き上げたアジアとの友好をいっそう育んでもらいたいものである。

したがって、歴史の暗部を子供たちに執拗《しつよう》に突きつける各教科書（扶桑社を除く）の陰湿な記述に代えて、わが国とアジアの人々とが力を合わせて欧米列強のアジア支配を打ち砕いたという、堂々たる栄光の歴史を記述すべきである。

○大東亜会議および大東亜共同宣言につき加筆すべきである

そうした観点から、大東亜会議の開催、および大東亜共同宣言の採択は、欠くことのできない出来事である。

大東亜会議は、一九四三（昭和一八）年十一月五日、東京で開催された。会議には、ビルマのバー・モウ首相、満州国の張景恵《ちょうけいけい》総理、中華民国の汪兆銘《おうちょうめい》院長、タイのワンワイ・タヤコーン殿下、フィリピンのラウエル大統領、自由インド仮政府のチャンドラ・ボース首班、そしてわが国の東條英機《とうじょうひでき》首相が参加し、大東亜新秩序の建設、ひいては世界平和の構築について協議した。いうなれば、アジアにおけるサミットのようなものである。

この会議は、けっして日本の戦争を正当化するためにアジア各国の傀儡《かいらい》政権の代表を集めた単なるパフォーマンスなどではなかった。

たとえば、本会議での演説に先立ち、わが国が各国の代表に対して、正確な日本語に翻訳するため、との理由で演説の草稿をあらかじめ提出するよう求めたところ、ラウエルとチャンドラ・ボースがこれを拒絶した。その理由として、ラウエルは、こう答えている。

たとえ草稿があったとしても、提出する意思はない。事前の草稿提出は、日本側の検閲を

受けることを承認するに等しいからである。

（深田祐介『大東亜会議の真実』三十六頁）

そして結局、二人とも草稿なしで演説を行った。このエピソードからも、大東亜会議が単なるパフォーマンスなどではないことが明らかであろう。

この大東亜会議の末、大東亜共同宣言がまとめられた。

宣言の前文では、大東亜戦争を完遂し、大東亜を米英の支配から解放して自存自衛を果たし、大東亜新秩序を建設し、もって世界平和の確立に寄与する、との理念が謳《うた》われた。そして、大東亜新秩序建設の指針として、次の五か条の綱領を掲げた。

一、大東亜各国は共同して大東亜の安定を確保し道義に基く共存共栄の秩序を建設す（軍事上の共同防衛）

一、大東亜各国は相互に自主独立を尊重し互助敦睦《ごじょとんぼく》の実を挙げ大東亜の親和を確立す（政治上の平等関係）

一、大東亜各国は相互にその伝統を尊重し各民族の創造性を伸暢《しんちょう》し大東亜の文化を昂揚《こうよう》す（伝統文化の相互尊重）

一、大東亜各国は互恵の下緊密に連携しその経済発展を図り大東亜の繁栄を増進す（経済上の互恵関係）

一、大東亜各国は万邦との交誼《こうぎ》を篤《あつ》うし人種的差別を撤廃しあまねく文化を交流し進んで資源を開放しもって世界の進運に貢献す（世界との交流促進）

この大東亜共同宣言こそ、わが国の戦争遂行の理念を端的に表現したものであって、連合国側の理念を表現した大西洋憲章に匹敵するものである。

バー・モウは、大東亜会議が開催された感動を、自伝にこう記している。

この偉大な会議はアジアにわき起こっている新しい精神を初めて体現したものであり、それは十二年後、アジア・アフリカ諸国のバンドン会議で再現された精神であった。この精神は、すでに一九四三年の東京での会議でうぶ声をあげたものだったのだ。

（バー・モウ『ビルマの夜明け』三五一頁）

一九五五年に開催されたバンドン会議（第一回アジア・アフリカ会議）では、かつて植民地支配下にあった国々の代表が集まり、反植民地主義、経済協力の推進、平和共存、民族自決、人類平等などが決議された。この会議の開催が、当時はまだ植民地支配下にあったアジアやアフリカの人々を大いに勇気づけ、以後、次々と独立を果たすことになる。教科書の多くも、この会議の開催を採り上げ、肯定的に記述しているが、その源流が、わが国の主催した大東亜会議にあると高く評価しているのである。

このような大東亜会議の開催、大東亜共同宣言の採択と、さきに紹介した東南アジア各国指導者達の発言とを照らし合わせるならば、わが国が唱えた「大東亜共栄圏建設」が決して単なる宣伝のためのスローガンではなかったことは明らかであろう。

この点、日本書籍新社と扶桑社は大東亜会議の開催を記述し、大東亜共同宣言についても触れているが、日本書籍新社（二〇二頁）は、「**この会議では、英米の植民地支配からアジアを解放することが宣言されました。しかし、このようなスローガンには説得力がありませんでした。……『大東亜共栄圏』はたんなる宣伝のためのスローガンにすぎなかったのです。**」と断じている。しかし前述のように、会議に参加したバー・モウは、この会議の成果を高く評価しているのである。日本の教科書であるにもかかわらず、なぜここまで徹底的に日本史の光の部分を打ち消し、より暗く日本史を描きたがるのであろうか。

その他の教科書は、大東亜会議の開催や大東亜共同宣言について黙殺しているが、長きにわたり欧米の植民地支配下にあったアジア諸国、有色人種の首脳が一堂に会したという重大な出来事は、東洋史における基本的事項といってもよかろう。そのような基本的事項がスッポリ抜け落ちているというのは、重大なる欠陥といわざるを得ない。

したがって、アジア首脳が集い、東京で大東亜会議が開催されたこと、大東亜共同宣言が採択されたこと、そしてアジアの人々がこの成果を高く評価したことを、加筆すべきである。

○高砂《たかさご》義勇隊の活躍を記述することを提案する

大東亜戦争では、日本人のみならず、日本統治下にあった台湾の人々もまた勇敢に戦った。特に、高砂義勇隊の活躍がよく知られている。

当時、台湾の先住民は高砂族と称されていた。高砂族は、台湾の山岳地帯に住み、焼畑農業のほか密林に入り狩猟も行っていた。

一九四二（昭和十七）年、日本軍はフィリピンの要塞を攻略しようとしたが、深い密林と山岳に阻まれた。そこで、そうした自然環境を熟知した高砂族に着目したのである。軍の要請を受けて台湾総督府が志願を募ったところ、予想をはるかに上回る約五千人もの人々が応募した。中には血書や血判の志願書を持参した者もあった。

彼らはきわめて勇猛果敢であり、軍務にも忠実であった。そして密林や山岳での作戦を難なくこなし、大いに活躍した。こうして彼らは、日本人からも尊敬の念をかちえたのである。また、密林で狩猟を行っていた彼らは、密林での食糧調達でも活躍した。その際、自分達よりも衰弱した日本兵に食糧を与えるため、みずから調達した食糧に手をつけず餓死してしまった者もいたという。

高砂族の従軍者数は六千～八千といわれるが、そのうち戦死者は三千人にも及ぶという壮絶なものであった。にもかかわらず、ある高砂族の古老は、こう語ったという。

我々は台湾に来たオランダにも鄭成功《ていせいこう》にも、そして清国に対しても屈従しなかった。しかし、日本だけは別だった。それは、大東亜戦争の魅力には勝てなかったからだ。

（小林よしのり『台湾論』一四九頁）

南方から帰還した多くの日本人将兵が「高砂兵のおかげで生き延びられた」と感謝の言葉を残している。

このように、大東亜戦争の意義を高く評価し、日本国や日本兵のため率先して活躍してくれたにもかかわらず、扶桑社を除く各教科書のように、「大東亜戦争（太平洋戦争）＝悪」「アジアの人々＝日本軍国主義の犠牲者」といったことばかりを強調していては、その活躍は日本人の記憶から忘れ去られてしまい、その恩に感謝することもなくなってしまう。高砂義勇隊ばかりではない。前述のように、日本に積極的に協力してくれたアジアの人々についても同様である。つまり、各教科書のような歴史認識こそ、無知にして、かつ恩知らずな日本人を育て、台湾はじめアジア諸国の人々との友好を破壊してしまうといっても過言ではない。

血書嘆願により志願して日本兵となったある台湾人は、こう訴える。

かつての日本人である私は、良心に訴え、声を大にして叫びたい。当時の状況を公平に中せば、彼等（＝欧米諸国　引用者註）**の侵略に抵抗して日本が戦ったからこそ、台湾の我々も聖戦と信じて参戦したのである。もし大東亜戦争が侵略戦争であったなら、国の礎《いしずえ》となった二百四十万の英霊は「犬死」となり、生き残りの我々は「負け犬」となる。侵略戦争だと決められては護国の英霊が余りにも可哀相《かわいそう》であり、参戦した我々もどうして黙っていられよう。**

（鄭春河『台湾人元志願兵と大東亜戦争』五十五頁　原文は歴史的仮名遣い）

当時の日本を貶めることは、同時に、日本に協力してくれたアジアの人々をも貶めることになるのである。やみくもに反省し、的外れな謝罪を繰り返せばいいというものではないのである。

したがって、日本のため勇猛果敢に戦った高砂義勇隊の活躍を日本人の記憶に留め、後世に伝え、ひいては日台両国の友好をいっそう深めるためにも、教科書に記述することを提案する。

○大東亜戦争での朝鮮人の活躍を掲載することを提案する

アメリカ大統領ルーズベルト君、君は口を開けば必ず正義と人道を唱えるが、（わが国が）パリ講和条約の序文に人種差別撤廃文案を挿入しようとしたときこれに反対し削除したのはどこの国だ？　黒人と東洋人を差別待遇して同じ席にも着かせずアフリカ大陸で奴隷狩りをしたのはどこの国であったか？……しかし君らの悪運はもはや尽きた。一億同胞なかんずく半島の二千四百万は渾然《こんぜん》一体となって大東亜聖戦勇士とならんことを誓っている！

（朱耀翰《しゅようかん》＝韓国・元国会議員）

台湾人のみならず、朝鮮人の中にも、率先して戦争に協力し、活躍した人物が数多くいた。

これまでにも紹介した慶尚南道出身の朴春琴《ぼくしゅんきん》は、東京四区から衆議院議員選挙に出馬し、昭和七年、同十二年の二度当選を果たしている。彼は、朝鮮在住の人々への参政権付与とともに、朝鮮における徴兵制の実施を訴えた。後にこれらが実現することとなるが、議員であった当時は軍部が「時期尚早」として徴兵制の実施を渋ったため、徴兵制が無理ならば志願兵制を実施せよと訴え、これを実現させた。

そして朝鮮で志願兵制度が実施されるや、次のように、数多くの朝鮮人がこれに志願した。

	募集人員	志願者数	倍率
一九三八年	四〇六	二、九四六	七・三
一九三九年	六一三	一二、五二八	二〇・四
一九四〇年	三、〇六〇	八四、四四三	二八・〇
一九四一年	三、二〇八	一四四、七四三	四五・一
一九四二年	四、〇七七	二五四、二七三	六二・四
一九四三年	六、三〇〇	三〇三、二九四	四八・一

中には、半ば強制的なものもあったかもしれないが、それよりもむしろ、これに先立つ金《きん》錫源《しゃくげん》少佐の活躍が朝鮮の青年を奮い立たせたのであろう。

彼は支那事変で大隊長として日本軍を率い、全滅覚悟の激戦を指揮して、白兵戦で中国軍を殲滅《せんめつ》した。この武功に対し、朝鮮人として初めて金鵄勲章《きんしくんしょう》功三級を受章している。朝鮮人である金少佐が、日本人兵士を率いて、長きにわたり宗主国として朝貢してきた中国の軍隊を撃破したとの活躍に、朝鮮人は熱狂したのである。

志願兵募集に応じた中に崔慶禄《さいけいろく》がいた。彼はその抜群の勤務成績ゆえに、陸軍士官学校を受験するよう推薦され、見事難関を突破して合格した。しかし、大戦のさなかに士官学校へ行っていては第一線でご奉公のときを失うと考えた彼は、「日朝の大義に生きるべし」として、あえて戦地へおもむいた。ニューギニアに出征した彼は、斬込隊長として三度の斬り込みを敢行したが、その際、敵の銃弾を受けて瀕死の重傷を負った。このとき、以前から彼を知り親しく付き合いのあった参謀長・小野武雄《おのたけお》が彼を発見し、その尽力でかろうじて一命を取りとめた。

戦後、彼は駐日韓国大使として日韓親善に尽くすこととなった。そして平素から、「小野大佐は命の恩人であり、私は実子以上に父としての愛を受けた」と語っていたという。

彼の次の言葉は、ぜひ政治家各位の心に留めておいていただきたいものである。

「戦前の日本人には、信頼できる立派な人々が多かった。それに対して現在の日本の政治家は周囲に気兼ねしてか、正直に本当の事を言う人が皆無に近い。私がもし日本の首相だったら、一日でよい、洗いざらい本当のことを発言してみたい。それでやめさせられたら本望だし、それによって国民の目は覚め、日本は本来の姿にたちかえるに違いない。」

特攻隊に志願して散った朝鮮人もいた。

その一人、金尚弼《きんしょうひつ》（日本名・結城尚弼《ゆうきしょうひつ》）は、京城の専門学校を卒業した後、陸軍航空隊を志願し、難関を突破してこれに合格した。

ある日、彼の配属された隊内の演芸会で「私は朝鮮出身です。少しアクセントが違いますが、日本の歌を歌います」と言うと、隊員から「アリランを歌え」「そうだ、そうだ、アリランを聞かせてくれ」との声があがった。金が「では母国の朝鮮語で歌います」と言って歌い、歌い終わると拍手喝采の嵐が起こったというエピソードが残っている。

戦況が悪化した一九四五（昭和二十）年二月十一日、彼は特攻隊に志願した。これを知った彼の兄は逃亡するよう彼を説得したが、彼はこう答えた。

「自分は朝鮮を代表している。逃げたりしたら、祖国が笑われる。多くの同胞が、一層の屈辱に耐えねばならなくなる。」

「僕は日本人になりきって日本のために死のうとしているのではありません。そこをよく解って欲しいのです。お父さんとお兄さん、この二人の意志を継ぐために、日本を勝利に導いて、その暁に我々の武勲を認めさせて独立にもってゆくことなのです。大東亜共栄圏として、ビルマ、インドネシア、朝鮮、みな独立の道があるはずです。日本が強くなればなるほど、地下の独立運動は無力となりますから、それより日本に協力して独立を勝ち取る、その方が確かだと思うのです。

日本人が憎くない、というとそれは嘘になりますが、僕は少年飛行兵出身の部下を連れてゆきますし、今日一緒に来てもらった佐藤曹長からは、親身の整備をしてもらいました。戦友や部下たちとは、一心同体であり、民族のしこりや壁はありません。……

民族の魂は売り渡していません。朝鮮の魂で頑張ってきました。僕の考えはきっと御先祖様も許して下さると思うのです。」

そして同年四月三日、圧倒的な数の米軍戦闘機と艦隊からの対空砲火網の中、艦船群に突入し、二十四歳の若さでその生涯を閉じた。


わが国で最もよく知られる朝鮮人将校である洪思翊《こうしよく》中将は、朝鮮人であり、しかも貴族の出身でもなかったが、四書五経から英語にまで精通し、さらに戦史・戦術の専門家でもあるという類稀《たぐいまれ》なる才能ゆえに、陸軍中将という地位にまで上りつめた。当然ながら、日本人もその指揮下にあって命令に従っていたのである。

一九〇九（明治四十）年九月、わが国は韓国軍の中から三十六名を選抜し、陸軍中央幼年学校に入学させた。彼はそのなかの一人であった。

その一年後、韓国が日本に併合されたことで彼らはどうすべきか悩んだ。結局、一応教育だけは受け、任官してから出処進退を決めることにして訓練に励んだ。その後朝鮮で三・一独立運動がおこった際、これに身を投じ、光復軍（朝鮮独立軍）の司令官となった者もいた。彼も参加するよう誘われたが、今は隠忍自重《いんにんじちょう》し折を見るべきだと考え、これに参加することなく、陸軍大学校を卒業し、日本陸軍の将官となった。

とはいえ、日本軍の中枢にありながらも彼はけっして朝鮮人としてのアイデンティティを失わず、指揮官として赴任するたびに、

「自分は朝鮮人の洪思翊である。今から天皇陛下の御命令により、指揮をとる。異議のある者は申し出よ。」

と訓示したという。創氏改名が実施された際も率先してこれを行うよう説得されたが、これを拒み、洪思翊との朝鮮名で通した。

フィリピンで捕虜収容所の所長をしていた彼は、戦後、戦犯裁判にかけられた。その際もすべての証言を拒否するという気概を見せたが、結局、捕虜虐待という無実の罪により処刑された。その際、

昔より冤死《えんし》せしものあまたあり　われもまたこれに加わらんのみ

との辞世を残している。最期まで彼は気骨のある武人であり続けた。

戦争が終わった後もインドネシアに数多くの日本兵が残り、インドネシア独立のために戦ったことは前に述べたが、その中にも朝鮮人がいた。梁七星《りょうしちせい》（日本名＝梁川七星《やながわしちせい》、インドネシア名＝コマルデン）もその一人である。

彼は終戦後のある日、朝鮮の実家に宛てて「いま国に帰っても仕方がないので、こちらの暑い国にもうしばらく留まる」との手紙を出し、青木政四郎（インドネシア名＝アブバカル）や長谷川勝雄（インドネシア名＝ウスマン）とともに、インドネシア祖国防衛義勇軍に加わった。

青木はオランダ軍が高額の懸賞金をかけるほどの優れた戦士であり、また「民家のものはけっして奪うな。日本人でも女を襲ったり物品を略奪したら撃ち殺す」と規律を厳格に維持した。梁はこうした青木の姿勢とその抱く理想に深く共感した。

彼らはインドネシアの人々と力を合わせて奮闘し、オランダ軍を大いに悩ませたが、一九四八年十一月、オランダ軍の奇襲を受け、激しい戦闘の末オランダ軍に捕えられた。そして翌一九四九年八月十日、三人は処刑された。

しかし、インドネシアの人々はもはやオランダ軍を恐れることはなかった。彼らの遺体が墓地まで運ばれる間、沿道の人々は、オランダ軍を気にすることなく、口々に「ムルデカ（独立）！」「ムルデカ！」と叫んで三人を見送ったのである。

それから四ヶ月後の十二月二十七日、オランダはついにインドネシアの支配を断念し、インドネシアは完全独立を果たした。三人はいまも、インドネシアの英雄墓地に眠っている。

（以上、名越二荒之助『日韓共鳴二千年史』等参照）

ほかにも数多くの朝鮮人が、日本のため、あるいは朝鮮のため、あるいはアジアのため、貴い命をかけて戦った。その心の中には、特攻隊員として散華《さんげ》した金尚弼の言葉のように日本人には理解しがたい葛藤もあったであろうが、いずれにせよ、彼らはまぎれもなく、わが国の護国の英雄である。

祖国韓国では、こうしてわが国に協力した人々には今もなお冷たい視線が向けられている。わが国でも、単なる「日本軍国主義の犠牲者」として片付けられてしまい、そうした人々の活躍がかえりみられることはほとんどない。

せめてわが国では、彼らに対する敬意と感謝の念を捧げることをけっして忘れてはなるまい。そして、ひいてはいまの韓国人に対する感謝の気持ちを失わないことこそ、日韓両国間に横たわる歴史認識の問題をめぐるわだかまりを解消する端緒《たんしょ》となるのではなかろうか。

いずれは、人類史上に残る聖戦・大東亜戦争をともに戦った戦友として、互いに尊敬しあい、誇りを分かち合うことのできる真の友好関係が日韓両国間に構築されることを願い、まずは日本の教科書に、以上のような朝鮮人の活躍を記述することを提案する。

第十一章　大東亜戦争（太平洋戦争）③〔終戦へ〕

○沖縄の人々の献身的な奮闘を貶めることなく記述すべきである

沖縄戦では、軍隊のみならず、十七歳～四十五歳の民間人男子約二万五千人が戦闘兵員として参加したほか、県立男子中学生などからなる「鉄血勤皇隊」や、「ひめゆり学徒隊」はじめ高等女学生などからなる看護部隊も参加しての軍民一致の戦いであった。

その様子は、一九四五（昭和二十年）年六月六日、大田実《おおたみのる》司令官（海軍少将）が海軍次官に宛てた、「沖縄県民斯《か》ク戦《たたか》ヘリ」で知られる電報に描かれている。

その電文は以下のとおりである。（原文は文語体）

沖縄島に敵が攻略を開始して以来、陸海軍は防衛戦闘に専念し、県民に関してはほとんどかえりみることができなかった。

しかし、私の知る限りでは、県民は、青年・壮年のすべてを防衛召集にささげ、残る老幼婦女子のみが、相次ぐ砲爆撃に家屋と財産の全部を焼かれ、わずかに身一つで、軍の作戦のさまたげとならない場所の小防空壕に避難し、激しい砲爆撃下、風雨にさらされつつ、貧しい生活に甘んじていた。

しかも若い婦人は率先して軍に身をささげ、看護婦、割烹《かっぽう》婦はもとより、砲弾運びや挺身斬込隊すら申し出るものもあった。

しょせん敵が来れば、老人や子供は殺され、婦女子は後方に運び去られて毒牙に供されるとして、親子が生き別れ、娘を軍の営門に捨てる親もあった。

看護婦にいたっては、軍の移動に際し、衛生兵がすでに出発した後も、身寄りのない重傷者を助けるなど、きわめて真面目であり、一時の感情に駆られての行動とは思われない。

さらに軍の作戦の大転換があれば、夜中にはるか遠方の住民地区まで、輸送力のない者が、黙々と雨の中を移動することもあった。

これを要するに、陸海軍が沖縄に進駐して以来、終始一貫して、勤労奉仕や物質節約を強要されながらも（一部にはいろいろ悪評もあったが）、ひたすら日本人として国を守ろうとの気持ちを胸に抱きつつ、ついに、〔不明〕ことなくして、この戦闘の末期と沖縄島は実情〔不明〕。

一木一草にいたるまで焦土と化した。食糧も六月いっぱいを支えるのみだという。沖縄県民かく戦えり。県民に対し後世特別の御高配を賜らんことを。

このように沖縄の人々は、祖国日本、あるいは故郷沖縄をアメリカから守るため、各々の任務を精一杯果たしていた。

にもかかわらず、たとえば帝国書院が掲載している『戦場となった沖縄』（二一一頁）と題するコラムは、次のようなものである。

1945年3月末、アメリカ軍が沖縄島をとり囲み、慶良間《けらま》列島に上陸し戦いがはじまりました。激しい戦いの末、5月には日本軍は戦闘能力を失い、住民が避難していた沖縄島南部に退きました。その結果、日本軍によって、食糧をうばわれたり、安全な壕《ごう》を追い出され、砲弾のふりそそぐなかをさまよったりして、多くの住民が死にました。
日本軍司令官は6月22日に自害し、日本軍の組織的な抵抗は終わりましたが、「最後の一

兵まで戦え」という命令は残っていたので、住民と兵士の犠牲は増え続けました。人々は集団死に追いこまれたり、禁止されていた琉球方言を使用した住民が日本兵に殺害されたりもしました。

また、八重山《やえやま》列島などではマラリア発生地にも移住させられたため、多くの病死者が出ました。

沖縄の人々が、あたかも日本軍に虐げられるだけの哀れな流浪《るろう》の民のように描かれている。このような記述では、日本の勝利を信じて、率先して日本軍に協力し、最後の最後まで力を尽くして亡くなった沖縄の人々の名誉も何もあったものではない。それこそ、そうした人々の死を「犬死」にしてしまうことになるのではなかろうか。

沖縄の人々の献身的な奮闘を、日本を貶めようとする政治的な意図で不当に歪めることなく記述すべきである。

また、日本書籍新社（二〇七頁）は「**軍は民間人の降伏も許さず、手榴弾をくばるなどして集団的な自殺を強制した。**」と、あたかも軍の命令で集団自決させられたかのように記述しているが、これは誤りである。

当時、集団自決の現場にいた金城武徳氏によれば、その様子は次のようなものであった。

金城さんの証言に基づいて米軍上陸後の様子を再現してみると、概略このようになります。渡嘉敷島に上陸した米軍はまず島の中北部にあるA高地という所を占領し、ここからさきに北の、日本軍のいるとおぼしき西山に向かって迫撃砲を猛烈に撃ちはじめた。それがフルノチビにいた住民達の上にも雨あられのようにどんどん飛んできて逃げる場所もなくなり、これはもう駄目だとみんな思い始めた。なにしろ捕虜になれば、女は辱められる、男は男根をちょんぎられてローラーで轢《ひ》き殺されると信じていましたから、もう気が気じゃない。それで民間人で構成される防衛隊が住民達に手榴弾を配り始めた。『鉄の暴風』にはこの手榴弾は軍から供給されたと書かれているけれども、実際はそうではなく防衛隊がどこからか手に入れたものだった。

ともかく、手榴弾をみんなに配ったところで古波蔵惟好《こはぐらこれよし》という村長がみんな玉砕しようと言って、「天皇陛下万歳」を唱え、集団自決が始まった。二、三十人が一塊《ひとかたまり》になって手榴弾を囲むようにして死んでいった。辺りには自爆した人達の肉片が飛び散っていたそうです。ただ、住民の多くは手榴弾の扱い方が分からず不発も結構多く、そういった人達は、夫や妻や子どもの首を絞めて殺したり、鉈《なた》や斧《おの》、鍬《くわ》でもって殺したという。米軍の迫撃砲でやられる

方がまだ死に方としてはいい方だったと言われるくらい地獄のような、本当に痛ましく悲惨な光景が現出したわけです。それで結局、集まっていた住民約六百人のうち三百人くらいが死にました。

ところが、そこで死にきれなかった人達は今度は軍の陣地へ行き、「機関銃を貸してくれ。皆、自決するから」と頼んだんです。そうしたら赤松隊長が出てきて、「なんと早まったことをしてくれたんだ。戦いは軍がやるから、お前たちはしなくてもいい。我々が戦う弾丸もないぐらいなのに、自決用の弾丸なんかない」ときっぱり言ったという。そして赤松隊長は、安全な所に避難するようにと住民達を今はグラウンドになっている東側の空き地に行かせた。しかし、そこでも半狂乱状態の住民達が自決を始めて、三十人前後の自決者が出た。

（日本政策研究センター『明日への選択』平成十四年九月号所収、中村粲「『軍命令』はなかった」三十三頁）

手榴弾を配ったのは民間人で構成される防衛隊であり、集団自決を呼びかけたのは村長であって、いずれも日本軍ではない。そして日本軍の赤松隊長は、既に自決してしまった住民の死を惜しみ、自決するために機関銃を貸してほしいという住民を思いとどまらせているのである。

日本書籍新社のほかにも、前述の帝国書院（二一一頁）や、大阪書籍（二〇一頁）、清水書院（二〇六頁欄外）が、主語は明記していないものの、前後の文脈からは日本軍による集団自決の強制があったかのような印象を与える記述を掲載している。いずれも修正ないし削除を要する。

○原爆投下を正当化する記述は修正ないし削除を要する

原爆投下の理由について、東京書籍と扶桑社を除くいずれの教科書もわが国がポツダム宣言を「黙殺」したことと関連づけて記述している。

もっとも、清水書院（二〇六頁）は「**戦争の早期終結を名目に**」と、戦争終結が単なる「名目」にすぎないことに触れているが、たとえば帝国書院（二一三頁）などはこう記述する。

ポツダムの**会議**では、アメリカ・イギリス・**中国の名前で日本の無条件降伏**をうながす共**同宣言を出しました**（ポツダム宣言）。しかし、この**宣言を日本が黙殺**したため、**戦争の早期終結を望むアメリカは**、**8月6日に広島に**、**8月9日に長崎に原子爆弾を投下しました**。

わが国に全面的に非があるといわんばかりの、原爆投下を正当化する不当きわまりない記述である。

元東京裁判判事のパール博士は、原爆投下の不当性について、端的にこう述べている。

広島、**長崎に原爆を投下したとき**、**どのような口実がなされたか**。**日本として投下される**

何の理由があったか。当時すでに日本はソ連を通じて降伏の用意をしていた。連合軍は日本の敗北を知っていた。それにもかかわらず、この残虐な兵器を日本に投下した。しかも実験として広島と長崎に投下したのである。……彼らは口実として、もし広島に原爆を投下せねば多数の連合軍の兵隊が死ぬことを強調した。原爆投下は日本の男女の別、戦闘員、非戦闘員の区別なく無差別に殺すことである。いったい、白人の兵隊の生命を助けるために幾十万の非戦闘員が虐殺されることはどういうことなのか。彼らがもっともらしい口実をつくるのは、このような説明で満足する人々があるからである。

（加藤典洋『アメリカの影』三二三頁）

帝国書院の教科書執筆者も「このような説明で満足する人々」の一員といえよう。パールが指摘するように、アメリカは日本に降伏の意思があることを十分認識していた。

ウィリアム・リーヒ（**米海軍大将**）

「私の意見では、広島と長崎に対してこの残忍な兵器を使用したことは対日戦争で何の重要な助けにもならなかった。日本はすでに打ちのめされており、降伏寸前だった。」

（ガー・アルペロビッツ『原爆投下決断の内幕　上』十頁）

アイゼンハワー（ヨーロッパ戦線の連合軍最高司令官）
「（**原爆を日本に投下する計画を聞かされているうちに**）**自分が憂鬱な気分になっていくのがわかって、大きな不安を口にした。まず、日本の敗色は濃厚で、原爆の使用はまったく不必要だという信念を持っていた。……日本はまさにあの時期に、『面目』を極力つぶさない形で降伏しようとしていると、私は信じていた。**」

（同書　十一頁）

にもかかわらず、アメリカは、あえて数多くの人々が住む広島と長崎に、それぞれ種類の異なる原爆を投下し（広島にはウラン型、長崎にはプルトニウム型）、広島で約二十万、長崎で約十四万もの大虐殺を行ったのである。

そもそも、東京書籍と扶桑社を除く各社は、日本がポツダム宣言を「黙殺」したからアメリカが原爆投下を決断した、との文脈で記述しているが、しかし、ポツダム宣言が発表されたのは七月二十六日、トルーマン大統領が原爆投下を命じたのはその二日前の七月二十四日である。つまり、わが国がポツダム宣言を「黙殺」するどころか、その内容さえ知らない時点で、トルーマンはすでに原爆投下を命じていたのである。

しかもトルーマンは、原爆を投下する前に日本がポツダム宣言を受諾してしまうことのないよう、施策を講じている。彼が当初受け取ったポツダム宣言の草案では、第十二項はこう記されていた。

　われわれの諸目的が達成されて、且つ日本国民を代表する性格を備え、明らかに平和的志向と責任のある政府が確立されたとき、連合国占領軍はただちに撤収されるであろう。このような政府が二度と侵略の野望を抱くものでないことを、平和を愛好する諸国が確信するのであれば、これには現皇統のもとにおける立憲君主制を含むものとする。（傍点引用者）

このように、草案では「現皇統のもとにおける立憲君主制」の維持、つまり「国体護持」の保障が明記されていたのである。この「国体護持」こそ、当時日本政府の最大の関心事であった。その保障が明記されていたのでは、日本はすぐにポツダム宣言を受諾してしまうかもしれない、と彼は考え、傍点部分を削除してしまったのである。

以上を要するに、原爆投下は、帝国書院が記述するような「戦争の早期終結」とは全く関係なく、単に一般市民をモルモットにした人体実験だったと断言してよかろう。

よって、原爆投下をポツダム宣言「黙殺」の結果ととらえ正当化する記述は、修正ないし削除を要する。

なお、この暴挙に対しわが国は、長崎に原爆が投下された翌八月十日、次の『米国の新型爆弾による攻撃に対する抗議文』を、永世中立国のスイスを通じて提出した。（原文は文語体）

アメリカ政府は、このたびの世界大戦勃発以来、再三にわたり、毒ガスやその他の非人道的な兵器の使用は文明社会の世論によって不法とされているとして、相手が使用しない限りこれを使用することはない、と声明してきた。にもかかわらず、アメリカが今回使用した爆弾は、その無差別性や残虐性において、毒ガスその他の非人道的兵器をはるかに上回っている。アメリカは、国際法および人道の根本原則を無視して、すでにわが国の諸都市に対して無差別爆撃を実施し、多数の老人や子ども、女性を殺傷し、神社、仏閣、学校、病院、一般民家などを倒壊・焼失させた。そして今また、新奇にして、かつ従来のいかなる兵器とも比べものにならない無差別性・残虐性を有する爆弾を使用したことは、人類文化に対する新たな罪悪である。日本政府は、ここに自らの名において、かつ全人類および文明の名において、アメリカ政府を糾弾するとともに、即時このような非人道的兵器の使用を放棄することを、厳重に要求する。

（『朝日新聞』昭和二十年八月十一日付）

このように、「自らの名において、かつ全人類および文明の名において」原爆の使用放棄を訴えた日本政府の堂々たる態度こそ、教科書に掲載すべきであろう。

○ポツダム宣言受諾を「無条件降伏」とする記述は修正を要する

帝国書院（二一三頁）、東京書籍（一九五頁）、日本文教出版（一八四頁）は、ポツダム宣言を、日本に無条件降伏を求めたものであると記述している。しかし、ポツダム宣言第五条には「われわれの条件は以下のとおりである」と規定され、第六条以下に条件が掲げられている。つまり、扶桑社（二一〇頁）が記述するように、ポツダム宣言は**「日本に対する降伏の条件を示した」**ものであり、その受諾は「条件付」降伏なのである。第十三条に「無条件降伏」との文言があるが、これは「全日本国軍隊」の無条件降伏であって、「日本政府」の無条件降伏とは異なる。

たとえば、第十二条には「前記の諸目的が達成され、かつ日本国国民が自由に表明する意思に従って平和的傾向を有し、かつ責任ある政府が樹立されたときには、連合国の占領軍は、直ちに日本国より撤収する。」との条件が掲げられており、連合国がこれに違背すれば抗議もできるが、政府が無条件降伏するということは、連合国軍がずっと居座り続けても文句は言えない、というものである。つまり、無条件降伏ならば連合国側は何者にも拘束されない（ただし国際法には拘束される）のに対し、「条件付」降伏ならば、連合国側もまたその条件に拘束され、これを守る義務を負うのである。

もっとも、その後GHQが日本で行った占領政策は、たとえばポツダム宣言第十条に「言論、宗教及び思想の自由並びに基本的人権の尊重は確立されなければならない」と規定されているにもかかわらず、これに違背して検閲を行い、占領統治に不都合な言論や出版を禁じたり、さらには、占領者は占領地の法律を尊重しなければならないとする国際法（ハーグ陸戦条規第四十三条）にさえ違背して日本国憲法の原案を作成するなど、その実態は無条件降伏のようなものではあったが、ポツダム宣言自体は、日本の無条件降伏を求めたものではない。

したがって、冒頭の各社の記述は史実に反しており、修正を要する。

○終戦時の〝日本人の〟心情を記述すべきである

一九四五（昭和二十）年八月九日夜、天皇御臨席のもと御前会議が開かれ、ポツダム宣言受諾の可否がはかられた。審議は長く続いたが結論はまとまらず、決をとったところ、三対三であった。やむをえず翌十日午前二時、鈴木貫太郎《すずきかんたろう》首相が天皇の御前に進み出て御聖断《ごせいだん》（天皇の御判断）を仰いだところ、

「**自分の任務は、祖先から受けついだこの日本を子孫に伝えることである。今日となっては一人でも多くの日本国民に生き残ってもらってその人達に将来再び立ち上がってもらうほかに、この日本を子孫に伝える方法はないと思う。それに、このまま戦を続けることは、世界人類にとっても不幸なことである。自分のことはどうなっても構わない。堪え難きこと忍び難きことではあるが、この戦争を止める決心をした次第である**」

（迫水久常『最後の御前会議における昭和天皇御発言全記録』七頁）

と仰《おお》せられ、ポツダム宣言受諾が決定した。

そして八月十五日正午、玉音放送で国民にポツダム宣言受諾が知らされた。

わが国にとってこの日は、ほとんどの国民が慟哭《どうこく》した終戦の日である。
（田中舘貢橘『歴史教科書のここがおかしい』一五五頁）

それが普通の感覚であろう。約四年間、支那事変から起算すれば約八年もの間、死力を尽くし、多くの犠牲を払いながらも奮闘した甲斐なく敗れてしまったのであるから、天皇陛下や、先に逝った英霊にも申し訳が立たない、という悔しさで満ち溢《あふ》れていたはずである。それとともに、ともかくも戦争が終わったという安心、今後日本はどうなってしまうのかという不安、日本はもう終わりだという絶望、一日も早く日本を復興させてやろうという希望、等々が入り乱れていたであろう。

この点、帝国書院（二一四頁）は「それぞれの敗戦」とのコラムを設けて、そうした日本人の心情を掲載しているものの、その一方で「**日本の植民地とされた朝鮮や台湾、日本軍に占領されていた中国や東南アジアの人々は、解放を喜びました。**」などという記述を載せている。ほかにも、教育出版（一七五頁）、清水書院（二〇七頁）、東京書籍（一九五頁）、日本文教出版（一八五頁）が同趣旨の記述を掲載し、このうち教育出版、清水書院、日本文教出版にいたっては、「民族解放」をよろこぶ朝鮮の人々の写真を掲載している。これら各社は、日本の教科書を作っているという自覚があるのであろうか。

日本の教科書である以上、当時の〝日本人の〟心情こそ、まずは記述すべきである。

○日本の敗戦によってアジアの人々が解放されたとする記述は削除を要する

そもそも、日本の敗戦によってアジアの人々が解放されたとする記述自体、史実を踏まえていない、いいかげんな記述である。

東南アジア諸国の中で、一九四五年に独立を果たした国は稀《まれ》であり、東南アジアの人々はその後、植民地を回復するために再び戻ってきたイギリスやオランダなど旧宗主国と戦わなければならなかった。これを打ち払って、ようやく独立し、民族解放を果たしたのである。インドネシアは例外的に一九四五年に独立を宣言してはいるものの、即完全独立というわけにはいかず、植民地回復のため戻ってきたオランダと戦わなければならなかったのは前述のとおりである。

各教科書の記述は、そうした東南アジアの人々の苦難の歴史をまったく無視しているのである。同じアジアに対する〝侵略〟でありながら、わが国の〝侵略〟は執拗《しつよう》に追及する一方、欧米諸国の〝侵略〟は平気で歴史から消し去ってしまうという、こうしたちぐはぐな態度一つとっても、教科書執筆者がけっしてアジアの人々の心情や立場に配慮してアジアに同情的な記述を教科書に掲載しているわけではなく、単にそのようなふりをしながら日本を貶めようとしているだけなのだと判断できよう。

韓国もまた、終戦とともに自動的に即独立したわけではない。アメリカは当初から朝鮮をすぐに独立させる意思はなく、ヤルタ会談の際にルーズベルトは、二十～三十年間は連合国による信託統治が必要であるとする発言をしているのである。

これに対し、日本政府は終戦後すぐに朝鮮を独立させるべく、終戦目前の八月十二日、独立運動家の一人宋鎮兎《そうちんう》に、朝鮮人の自治組織に行政権を引き渡すことを申し出ている。しかし宋がこれを断ったため、八月十五日、呂運亨《ろうんきょう》に申し出たところ、呂はこれを受け入れ、さっそく「朝鮮建国準備委員会」を発足させた。そして街には太極旗（韓国の国旗）がひるがえった。

ところが連合国は、朝鮮総督府に対し、当分の間は総督府が朝鮮統治を続けた上で、連合国に施政権を引き渡すよう命じ、独立を取り消させたため、八月十八日、やむなく朝鮮建国準備委員会の行政権を取り戻し、太極旗は下ろされた。そして九月九日、朝鮮は連合国の施政下に入った。その後紆余曲折《うよきょくせつ》を経て、大韓民国が正式に独立を果たしたのは、日本の降伏から三年後、一九四八年の八月十五日であって、一九四五年八月十五日ではないのである。

中国では国民党と共産党の内乱が再開し、共産党に追われた国民党が台湾に逃げこんだことで、従来から台湾に住んでいた人々は迫害を受けることとなる（二・二八事件など）。そして満洲帝国は独立を失い、共産党が侵攻したチベットやウイグルでは、いまもなお民族浄化が推し進められるなどの人権蹂躙《じゅうりん》が行われており、中国からの独立をめざす運動が続いている。

以上のように、けっして各教科書（扶桑社を除く）の記述から想起されるような「日本が負けて、めでたし、めでたし」というものではないのである。これらの教科書は、日本が諸悪の根源であったかのように記述しようとするあまり、以上の程度の史実さえ無視し、歴史を改竄《かいざん》しているのである。

したがって、日本の敗戦によって民族解放が果たされたとする記述は削除を要する。

コラム　ポール・リシャールの詩「日本の児等に」

第十章で紹介したように、大東亜戦争でわが国は、大東亜共栄圏建設の理想を掲げ、アジア諸国の独立に力を尽くした。

わが国がそうした〝アジアの解放〟の理念に目覚めたきっかけは何だったのか。

その要因はさまざま考えられるが、その一つに、フランス人、ポール・リシャールの存在が挙げられる。

一八七四年、南フランスの牧師の家に生まれた彼は、自身も神学を学び神学博士となったが、法学も学んで弁護士となり、さらに詩人としても名を知られていた。

彼は、正義の名のもとにアジアやアフリカに侵攻し、略奪と暴虐の限りを尽くす欧米列強の有様に失望し、祖国を離れアジアに向かった。そして一九一六（大正五）年、彼は日本を訪れた。当初は数ヶ月間の滞在予定であったが、日本を知れば知るほどその魅力に惹かれ、結局、約四年もの間、日本に滞在した。その間、川島浪速《かわしまなにわ》はじめ数多くの日本の思想家との親交を深めている。

そして彼は、日本にアジア解放の希望を託し、一九一七（大正六）年、大川周明《おおかわしゅうめい》の訳による『告日本国《にほんこくにつぐ》』と題する著書を著《あらわ》し、日本の担うべき世界史的使命を力強く訴えた。これが日本人の心をとらえ、アジアの盟主として、アジア諸国およびアジアの人々を欧米列強の支配から解放すべき使命に目覚めることとなったのである。

その著書の最後に、日本の若者へ向けて『日本の兒《こ》（＝児）等《ら》に』と題する詩を残しているので、ここに紹介したい。

日本の兒等に

曙《あけぼの》の兒等よ　海原《うなばら》の兒等よ
花と焔《ほのお》との国　力と美との国の兒等よ
聴け　涯《はて》しなき海の諸々の波が
日出づる諸子の島々を讃《たた》ふる栄誉の歌を

諸子の国に七つの栄誉あり
故にまた七つの大業あり
さらば聴け　其の七つの栄誉と七つの使命とを

一

独り自由を失はざりし亜細亜《アジア》の唯一の民よ
貴国こそ自由を亜細亜に與《あた》ふべきものなれ

二

曾《かつ》て他国に隷属せざりし世界の唯一の民よ
一切の世の隷属の民のために起《た》つは貴国の任なり

三

曾て滅びざりし唯一の民よ
一切の人類幸福の敵を滅ぼすは貴国の使命なり

四

新しき科学と舊《ふる》き知恵と欧羅巴《ヨーロッパ》の思想と亜細亜の思想とを自己の裏《うち》に統一せる唯一の民よ
此等《これら》二つの世界　来るべき世の此等両部を統合するは貴国の任なり

五

流血の跡なき宗教を有《も》てる唯一の民よ
一切の神々を統一して更に神聖なる真理を発揮するは貴国なる可《べ》し

六

建国以来　一系の天皇　永遠に亘《わた》る一人の天皇を奉戴《ほうたい》せる唯一の民よ
貴国は地上の萬国《ばんこく》に向って　人は皆《み》な一天の子にして
天を永遠の君主とする一個の帝国を建設すべきことを教えんが為に生れたり

七

萬国に優《まさ》りて統一ある民よ
貴国は来《きた》るべき一切の統一に貢献せん為に生れ
また貴国は戦士なれば　人類の平和を促さんが為に生れたり

曙の児等よ　海原の児等よ
斯《か》くの如《ごと》きは　花と焔との国なる貴国の七つの栄誉と七つの大業となり

（ポール・リシャール『告日本国』五十一頁～五十六頁）

われわれ日本人は、もっとみずからの生まれ育った日本という国に、自信と誇りをもって
いいのではないのだろうか。

第十二章　極東国際軍事裁判（東京裁判）

○極東国際軍事裁判（東京裁判）の不当性につき加筆することを要する

東京裁判では、戦争に携わった日本の政府や軍部の中枢にあった人々など二十八名が、アジアを侵略し、支配することを企み、満洲事変、支那事変、大東亜戦争などの〝侵略戦争〟をひき起こした黒幕として、戦争犯罪人（A級戦犯）のレッテルを貼られて裁かれた。そして判決を受けた二十五名（残り三名のうち二名は判決前に死亡、一名は精神異常と判断され裁判から除外された）全員が有罪とされ、うち東條英機《とうじょうひでき》はじめ七名が絞首刑に処せられた。

しかし以下のように、東京裁判とは、裁判の名に値しない不当きわまりないものであった。

①被告人が適当に選ばれた

東京裁判の被告となった二十八名は、侵略戦争の「共同謀議」に加わった、つまり協力して悪事を企み実行した、あるいはこれに同意した、との理由で起訴されたものであった。しかし、この二十八名の関係は、共同謀議などとは程遠いものであった。

共同謀議どころか、皮肉なことには、二十八名のA級戦犯の中には、政敵として争い、政権獲得に成功した者もいれば、これを倒すために熱心に努力した者もいる。また、青年将校に突き上げられて、昭和維新を呼号し、暴力革命の先頭に立った者もいれば、これにあくまで抵抗して議会主義を守ろうとした者もいる。自由主義を貫くために政治生命をかけた者、ナチズム、ファシズムに傾倒して、民族主義、全体主義をもって国政を立て直そうとした者、反英米派もいれば、親英米派もいたのである。……二十八人の被告の顔ぶれから判断しても、そこには何ら共通性、一貫性は見出されない。彼らは、もとより同志でもなく、また徒党を組んだのでもない。

(田中正明『パール判事の日本無罪論』八十六頁)

それもそのはず、被告人二十八名は、けっして厳密な調査によって選定されたのではなく、一九二八年から一九四五年までの間に日本の指導的立場にあった二十八名を適当にピックアップしたものだったのである。

マッカーサーから「政治的戦争犯罪人」のリストを作るよう命じられたソープ准将《じゅんしょう》は、部下に人選を命じたが、ソープもその部下も日本のリーダーについての知識が乏しかった。そこで、とりあえず日本人名録や歴代内閣の閣僚名簿から大物と思われる人物をピックアップしたところ、その数は三百名以上になってしまった。その後なんとか被告人を二十八名に絞り込んだにもかかわらず、被告人発表の直前、ソ連から、その中に含まれていなかった二名（重光葵《しげみつあおい》と梅津美治郎《うめづよしじろう》）を加えてほしい、との強い要求があった。ところが、すでに工事が完成していた法廷には被告席が二十八人分しか用意されていなかったので、この二名を加えると定員オーバーになってしまう。そこで、本来起訴されるはずだった二名（真崎甚三郎《まさきじんざぶろう》と阿部信行《あべのぶゆき》）が起訴を免れた。

被告人二十八名はこうして選ばれたのであって、共同謀議に加わったか否かを一人ずつ調べて選定されたわけではないのである。

被告人の一人は、この共同謀議という言いがかりに対して、冷笑的な言葉を残している。

「軍部は突っ走ると言い、政治家は困ると言い、北だ南だと国内はガタガタで、おかげでろくに計画もできずに戦争になってしまった。それを共同謀議などとは、お恥ずかしいくらいのものだ」

（児島襄『東京裁判』（上）一一九頁）

②罪刑法定主義に反する

近代法には、罪刑法定主義という大原則がある。これは、いかなる行為が罪であり、その罪を犯せばどのような刑に処せられるか、あらかじめ法で定められていない限り処罰されることがあってはならない、というものである。つまり「法には触れてないけど、とんでもない悪者だから、とにかく処罰してしまえ」ということがあってはならないのである。そのようなことを認めてしまっては、民衆を生かすも殺すも権力者の気のおもむくまま、ということになりかねず、一般市民の平穏な生活、あるいは人権が保障されないからである。

東京裁判を行うにあたって、その手続きを定めた極東国際軍事裁判所条例がつくられた。その第五条で、東京裁判では「平和に対する罪」や「人道に対する罪」などが裁かれるものと定められた。「平和に対する罪」とは、侵略戦争を計画、開始、遂行したことを犯罪とするものであり、「人道に対する罪」とは、たとえばナチスドイツが行ったユダヤ人の大量虐殺のような非人道的な行為を犯罪とするものである。

ところが、そのような行為を犯罪行為として定めた国際法などは存在せず、これらの罪は法的根拠のないものであった。要するに、東京裁判とは、国際法に定められた犯罪行為を行った戦犯を裁いたものではなく、連合国側が、自分たちをさんざん苦しめた日本の指導者に報復をするために、国際法上存在しない罪名をでっち上げて裁いたものだったのである。

また、冒頭の罪刑法定主義の説明の中で「あらかじめ法で定められていない限り処罰されない」と記述したように、このように後になってから新しい法をつくって処罰することも、近代法の大原則では禁じられている（事後法処罰の禁止）。

たとえば、次のようなケースを考えていただきたい。

現在タバコを吸うことは犯罪ではないので、時に非難されることはあっても、多くの人々が平気でタバコを吸っている。ところが、ある日突然「タバコを吸った者は三年の懲役に処する。以前にタバコを吸ったことのある者も同様とする。」という法律が作られて、「以前は吸っていたが、体に悪いから今は吸っていない」という者まで、その法律によって処罰されてしまう。

常識的に考えれば、きわめて理不尽である。理不尽であるがゆえに、このような事後法による処罰の禁止ということが近代法の大原則となっているのである。ところが、その理不尽なことが東京裁判では行われていたのである。

たとえば、前述のように、戦争中のわが国の政府や軍部の要人が、侵略戦争を計画、開始、遂行したものとして「平和に対する罪」に問われた。

今の感覚からすれば、戦争を始めること自体が凶悪な犯罪であるかのように感じられるが、しかし国際法上は、戦争を始め、遂行すること自体を犯罪とする規定は存在せず、現在に至ってもなおそのような国際法は存在しない。ところが東京裁判では、これを犯罪とする「法」が、突如、新たに作られ、これに基づいて、行為の時点では合法であった行為が犯罪行為として裁かれたのである。つまり、東京裁判では事後法処罰の禁止という近代法における大原則が守られていなかったのである。

もっとも、こうした主張に対する反論として、パリ不戦条約を根拠に「戦争は以前から犯罪とされていた。したがって、平和に対する罪は国際法に基づくものである。」との主張もある。東京裁判でも、この条約が処罰の根拠として持ち出された。

パリ不戦条約とは、一九二八年、米英日独仏など十五ヶ国で調印された不戦条約である。同条約では、国際紛争を解決するために戦争に訴えてはならず、国家の政策の手段として戦争を放棄すべきことが規定されていた。そのため、たしかに同条約によって戦争が犯罪行為とされたようにも見える。

しかし、同条約には条約違反に対する罰則は設けられていなかった。つまり、同条約に違反したからといって、同条約を根拠に開戦国、あるいはその指導者を処罰することなどできないのである。

しかも、同条約では自衛のための戦争までは禁じられていなかった。

条約の提案者である米国務長官ケロッグは、米国議会でこう述べている。

> アメリカの作成した不戦条約案中には、自衛権を制限乃至毀損《ないしきそん》するが如《ごと》き点は少しも存しない。自衛権はすべての独立国に固有のものであり、又あらゆる条約に内在している。各国家はいかなる場合においても、又条約の規定如何《いかん》にかかわらず、攻撃もしくは侵略から自国の領土を防衛する自由をもち、自衛のために戦争に訴うる必要があるかどうかは、その国のみがこれを決定し得るのである。正当な理由ある場合には、世界はむしろこれを賞賛し、これを非難しないであろう。

（日本外交学会編『太平洋戦争原因論』四九一頁）

要するに、同条約は自衛戦争まで禁止したものではなく、そしてある戦闘行為が自衛戦争であるか否かはその国自身が決めることができる、というのである。つまり、ある国が「これから侵略戦争をするぞ」とは言わずに、「これは自衛のための戦争である」との大義名分さえ掲げれば、同条約に抵触することはないのである。

パリ不戦条約とは、その程度の、法的にはほとんど意味のない条約だったのであり、各国ともその認識のもとに同条約に調印しているのである。したがって、パリ不戦条約が東京裁判の根拠だとする主張も不当なのである。

③裁判の公平性や適正手続が確保されていなかった

東京裁判では、検察側は当然ながら連合国側の国々の代表であったが、判事までも、十一人全員連合国側の国々あるいはその自治領などの代表であった。その一人、フィリピン代表のハラニーヨ判事などは、いわゆる「バターン死の行進」の生存者であった。つまり、日本軍によって辛い目に遭わされた張本人が裁判官として日本を裁こうというのであるから、公正な裁判など期待できるはずはないのである。現に彼は、東京裁判の判決に対しても「生ぬるい」との不満を漏らしている。この一事をもってしても、連合国側が最初から裁判の公平性を確保する意思などなかったことが明らかであろう。

ついでながら、日本軍による残虐行為として知られる「バターン死の行進」は、けっして捕虜に虐待を加えるために行われたものではなかった。

フィリピンのバターン半島を制圧したわが国のもとに、七万を越えるアメリカ兵やフィリピン兵が投降してきた。予想をはるかに上回る大量の捕虜を護送する手段もなく、やむなく鉄道のあるサンフェルナンドまで約六十キロの距離を歩かせたのである。日本軍はわずか約三万。当然ながら十分な食料もなく、炎天下を延々と歩かされるのは辛いことではあろうが、それは日本兵も同じであった。しかも、ほとんど手ぶらの捕虜とは異なり、日本兵は重装備をしての移動である。多くの日本兵が「捕虜のほうがよっぽど楽だ」との印象を抱いていたほどであったという。これを捕虜虐待というのであれば、わが国は自国の兵士をも虐待していたことになろう。

しかも、サンフェルナンドから捕虜収容所に近いカパスまでの約四十キロは鉄道で移動している。つまり、けっしてわざわざ捕虜を虐待するために行進させたのではないのである。

閑話休題

しかも、極東国際軍事裁判所条例第十三条では「本裁判所は証拠に関する専門技術的規則に拘束されることはなく、本裁判所で証明力があると認めるいかなる証拠をも受理するものとする。」と規定されていた。通常の裁判ならば、証拠として提出されたものについて、本当に証拠としての能力を持つものかどうか厳密に調べられ、たとえば単なる伝聞や噂話などは証拠としての能力を持たないものとして却下されるのが普通である。ところが東京裁判では、そのような専門技術的規則に拘束されることなく、裁判所が証拠としての能力があると認めさえすれば、いかなる証拠も受理する、というのである。その結果、扶桑社（二一五頁欄外）が指摘しているように、検察側のあげる証拠は単なる伝聞や噂話であってもそのまま採用されたことが多かったのに対し、弁護側の申請する証拠調べはことごとく却下された。中立であるべき判事が原告側の身内であれば、適正な手続きが保障された公平な裁判など期待できるわけはないのである。

たとえば、東京裁判では、日本が行った残虐行為として、第七章でも触れた「南京大虐殺」が突如持ち出された。裁判では、この南京大虐殺を証言する多くの証人が召集されたが、その証言のほとんどは噂話や伝聞などで、通常の裁判ではとうてい証拠として採用されるはずのないものであった。しかも、普通の裁判では偽証罪というものが存在し、証人が事実に反する証言をすれば罰せられるのであるが、東京裁判ではそれすらなく、証人がいくらでもウソをつくことができたのである。

証人の一人、南京安全区国際委員会の委員であったマギー牧師は、南京での日本軍の残虐行為について、こう証言した。

日本軍の暴行はほとんど信用することのできないほどひどいものでありました。最初その日本軍によりまする中国人の殺戮《さつりく》が始まりましたのは、いろいろな方法で行われたのでありますが、まず最初には日本軍の兵隊が個々別々にあらゆる方法によって中国人を殺したのでありますが、その後になりまして三十名もしくは四十名の日本軍が一団となって、その殺戮行為を組織的にやっていったのであります。これらの日本兵はその手中にまったく中国人の生命すなわち死活の権を全然にぎっておったように思われたのであります。間もなくこれらの日本軍によりまする殺戮行為はいたるところで行われたのであります。しばらくいたしますると南京の市内にはいたるところに中国人の死骸がゴロゴロと横たわっておるようになったのであります。これらの殺戮行為は、あるいは機関銃により死んだ者もあり、その他の方法によって殺されたのでありますが、時々中国人が列を作って引っ張られていく、そうして殺されるのを私は目撃したのであります。

（洞富雄編『日中戦争史資料8』八十七頁）

この後も延々と事細かに日本軍の残虐行為について証言したが、そのマギーに対し、ブルックス弁護人が、マギー自身はそういった不法行為や殺人行為などの現行犯をどれくらい目撃したのか、と質問したところ、マギーは、ただ一件だけだと答えている。しかもその一件というのも、日本兵がある中国人に誰何《すいか》したところ、急いで逃げ去ろうとしたために殺された、というものであった。

当時、日本軍は便衣隊に悩まされていた。便衣隊とは、軍服ではなく平服を着た中国人ゲリラである。一般民間人になりすまして日本兵を油断させておきながら突如攻撃をしかける、というのが彼らの常套《じょうとう》手段であった。したがって、「誰何しただけで逃げ出すのは怪しい。便衣隊ではないか」と判断してこれを殺害してしまったのは、やむをえないことであろう。

それはともかく、「いたるところで行われた」殺戮行為をたった一件しか見ていないというのは、あまりにも不自然である。しかもマギーは、こう答弁したことで、「時々中国人が列を作って引っ張られていく、そうして殺されるのを私は目撃したのであります。」というみずからの証言がウソだと白状してしまっているのである。

通常の裁判ならば、このようなバカバカしい証言は相手にもされないところである。しかし東京裁判では、このような証言の積み重ねで「南京大虐殺」が史実として認定された。そして、親中派として知られ、南京攻略に際しても全軍に軍規の徹底を命じた松井石根《まついいわね》被告が、南京大虐殺の責任者として処刑された。

裁判の公平性や適正手続が確保されていなければ、このような理不尽な結果となってしまうのである。

フランス代表のベルナール判事は、判決に際して次のような個別意見を提出している。

条例（＝極東国際軍事裁判所条例　引用者註）**は被告に弁護のために十分な保障を与えることを許していると自分は考えるが、実際にはこの保障は被告に与えられなかったと自分は考える。多くの文明国家でそれに違反すれば全手続きの無効となるような重大な諸原則と、被告に対する訴訟を却下する法廷の権利が尊重されなかった。**

（菅原裕『東京裁判の正体』一一八頁）

要するに、適正手続きが保障されていないような裁判は、文明国家ではその裁判自体が無効にさえなりうるのである。しかし東京裁判では、裁判の公平性も適正手続きも保障されてはいなかった。つまり、東京裁判はけっして文明的な裁判などではなかったのである。

④裁判批判が封殺されていた

このようなデタラメな裁判であっても、せめて国民に広く公開され、批判が認められていたならば、裁判の不当性を非難する声が上がり、適正化を図るよう努めざるを得なかったであろう。

しかし当時は、言論の自由を保障したポツダム宣言や、裁判と同時期に成立した日本国憲法に違背して、GHQによる検閲が平然と行われ、東京裁判に対する批判は認められていなかったのである。

また、裁判所の傍聴席には多くの日本人もいたが、連合国側に不利な発言があれば日本語への通訳が止められることもあった。たとえば、ブレークニー弁護人が、

「真珠湾でのキッド提督の死が殺人罪になるのなら、我々も広島に原爆を投下した者の名を挙げる事ができる。投下を計画した参謀長の名も承知している。その国の元首の名前も我々は承知している。……原爆を投下した者がいる！　この投下を計画し、その実行を命じこれを黙認した者がいる！　その者達が裁いているのだ！」

と追及する発言をしたところ、通訳が途中で打ち切られた。日本人の大多数は、東京裁判の内容を正確に知ることすらできなかったのである。

⑤連合国側の戦争犯罪は問われなかった

東京裁判が国際法に基づく正当かつ公平な裁判であるならば、戦勝国・戦敗国を問わず、その戦争犯罪が追及されなければならないはずである。にもかかわらず、追及されたのは日本の戦争犯罪のみであり、戦勝国側の戦争犯罪が追及されることはなかった。

前述のように、東京裁判では「人道に対する罪」という犯罪が新たに持ち出された。連合国側は、ドイツと同様に日本をこの罪で裁くことで、「連合国（米英）＝正義、枢軸国（日独）＝悪」という図式を確立しようとしていたのである。

そこで出てきたのが、さきにも述べた「南京大虐殺」である。ナチスによるユダヤ人大量虐殺と同様の大虐殺を、日本は南京で行った、と追及することで、日本をドイツと並ぶ巨悪であるとアピールし、連合国側の行動を正当化しようとしたのである。しかし、その「南京大虐殺」なるものがきわめて信憑性《しんぴょうせい》に欠けるものであることは、すでに述べたとおりである。

むしろ、この「人道に対する罪」なるものが国際法に基づくれっきとした戦争犯罪であるならば、アメリカが日本に対して行った非人道的な暴挙こそ追及されるべきであろう。たとえば、東京はじめ日本各都市への空襲、そして広島・長崎への原爆投下。このような女性や子供をも巻き込んだ無差別大量虐殺こそ、同罪によって裁かれるにふさわしい、ホロコーストに匹敵する「人道に対する罪」である。にもかかわらず、東京裁判ではこのような連合国側の「人道に対する罪」は、一切問われることがなかったのである。

また、東京裁判では「殺人の罪」という犯罪が持ち出された。これは、戦争のさなかに敵を殺すことは犯罪ではないが、戦争が始まる前、つまり宣戦布告が行われる前に人を殺害することは許されていない、だから犯罪だ、というものである。要するに、宣戦布告の前に行われた真珠湾攻撃の責任者を、この「殺人の罪」によって罰しようとしたのである。

しかし実は、真珠湾攻撃よりも前に、アメリカは、宣戦布告をすることなく、また警告さえ発することもなく、公海上でわが国の潜水艦を撃沈しているのである。

わが国が真珠湾を攻撃したのは、ホノルル時間の十二月七日午前七時五十五分である。それより一時間十分前の午前六時四十五分、アメリカの軍艦ワードは日本の潜水艦を発見し、砲撃を開始した。同艦は六時五十四分、海軍司令官に宛て「本艦は防衛水域で行動中の潜水艦を砲撃し爆雷を投射せり」と打電し、その旨を報告している。そして七時六分、海面に黒い油の泡を発見し、潜水艦の撃沈を確認して、爆雷攻撃を中止した。（実松譲編『現代史資料(35)太平洋戦争（二）』所収、「ヒューウィット調査機関提出書類第七五」四〇九頁参照）

つまり、大東亜戦争はわが国の真珠湾攻撃で始まったのではなく、アメリカ側の日本潜水艦撃沈という先制攻撃によって、すでに火ぶたが切られていたのである。

となれば、真珠湾攻撃は、日米開戦後に行われたれっきとした戦闘行為であり、その責任者が「殺人の罪」で裁かれるのは筋違いである。むしろ、日本潜水艦を撃沈したアメリカ側の責任者こそ「殺人の罪」によって裁かれなければならないはずであるが、そのようなことはなかった。それどころか、潜水艦撃沈は歴史からも消し去られ、日本は「真珠湾を〝だまし討ち〟した卑怯な国」だというレッテルが貼られ、今にいたっているのである。

以上説明したほかにも、数多くの問題点を東京裁判は抱えている。

要するに、東京裁判とは、最初から国際法に基づく正当な裁判を行おうという意図などなく、敗戦国日本に対して「極悪国家」というレッテルを貼ることで連合国側を正当化しようという意図で行われた、単なる政治的キャンペーンであり、かつ敵国日本の指導者に対する報復処刑を正当化するために行われた〝裁判ごっこ〟にすぎないのである。

このようなデタラメな裁判であったがゆえに、アメリカやイギリスからも非難の声が上がった。

ロバート・A・タフト（アメリカ上院議員）

「勝者による敗者の裁判は、どれほど司法的な体裁を整えてみても、決して公正なものではありえない。」

（リチャード・マイニア『勝者の裁き』九十六頁）

モーン卿（イギリス）

「チャーター［極東国際軍事裁判所条例］は決して国際法を規定したものでもなく、また戦争犯罪というものを規定したものでもない。ただたんに裁判にかけられた僅かな人たちを裁くためにのみつくられたチャーターであった。」

（菅原裕『東京裁判の正体』四十三頁）

しかも、第三者ばかりでなく、この裁判に携わり、日本を追及し、あるいは裁いた人々さえも、東京裁判を疑問視する発言を残しているのである。

東京裁判の責任者ともいうべきマッカーサーは、自伝の中でこう告白している。

占領中に経験したことで、**極東国際軍事裁判**の**判決**を**実行**に**移**すという**義務**ほど**私**が**懸念**したものは、おそらく**他**にあるまい。

私は**戦争中**、**捕虜**や**被抑留者**に**残虐行為**を**加**えたり、それを**許**したりした**敵**の**現地司令官**、その**他軍関係者**に**対**する**刑罰**は**承認**したことがある。しかし、**戦**いに**敗**れた**国**の**政治的指導者**に**犯罪**の**責任**を**問**うという**考**え**方**は、**私**にはきわめて**不愉快**であった。そのような**行為**は、**裁判**というものの**基本的**なルールを**犯**すことになる、というのが**私**の**考**えだった。

(ダグラス・マッカーサー『マッカーサー回想記(下)』一八九頁)

また、主席検事として日本追及の急先鋒にあったキーナンも、こう告白している。

東京裁判はいくつかの**重大**な**誤判**を**含**むのみならず、**全体**として**復讐**の**感情**に**駆**られた、**公正**ならざる**裁判**だった。

ウェッブ裁判長にいたっては、東京裁判が始まる前(一九四五年六月二十六日)からすでに、オーストラリア外務省に宛てた書簡の中でこう述べている。

国際法に基づく厳密なやり方をあきらめて、特別法廷で蛮行ともいえる見世物的な公開裁判を行うべきではない。

（『朝日新聞』平成七年二月八日付）

不当と感じながらも、裁判長という立場ゆえに、あえて異を唱えることなく粛々と裁判を進めたのであろうか。

このように、東京裁判の責任者、主席検事、裁判長のいずれも、東京裁判が不当なものであったことを認めているのである。要するに、東京裁判とは、良識のある人間ならば誰でもその正当性に疑問を抱かざるを得ない裁判だったといってよかろう。

ほかにも、マッカーサーから「政治的戦争犯罪人」のリストを作るよう命じられたソープ准将は、後にこう告白している。

敵として見た場合、**トウジョウをはじめ、ただ怒り、正義その他の理由だけで、即座に射殺したい一群の連中がいたことは、たしかである。しかし、そうせずに、日本人に損害をう**

けて**怒**りにもえる**偏見**に**満**ちた**連合国民**の**法廷**で**裁**くのは、むしろ**偽善的**である。とにかく、**戦争**を**国策**の**手段**とした**罪**などは、**戦後**につくりだされたものであり、リンチ**裁判用**の**事後法**としか**思**えなかった。

（児島襄『東京裁判（上）』七頁）

また、オランダ代表のベルト・レーリンク判事は、こう語っている。

私個人としては、**戦争**の**勝者**が**新**たに**刑法**を**作**り**上**げ、それにもとづいて**敗者**を**処罰**する**特権**はないと**確信**しておりました。**何**となれば、そうした**勝者**の**勝手気**ままを**主張**することは、**危険**な**前例**を**作**ることになり、その**後**に**戦争**の**勝者**が**憎**むべき**敵**を**戦争犯罪人**として**抹殺**する**機会**を**与**えるおそれがあるからです。

（細谷千博他編『東京裁判を問う』二二四頁）

十一名の判事の中で唯一の国際法学者であり、ただ一人東京裁判に一貫して反対しつづけたインド代表のラダビノッド・パール判事は、被告人全員無罪を訴えた。そして、東京裁判の不当性についてこう断ずる。

勝者によって今日与えられた犯罪の定義に従っていわゆる裁判を行うことは敗戦者を即時殺戮した昔とわれわれの時代との間に横たわるところの数世紀にわたる文明を抹殺するものである。かようにして定められた法律に照らして行われる裁判は、復讐の欲望を満たすために、法律的手続を踏んでいるかのようなふりをするものにほかならない。それはいやしくも正義の観念とは全然合致しないものである。

（『パール判決書（上）』二六八頁）

このように、東京裁判とは、正義の観念とは全然合致しない「リンチ裁判」であり、「文明の抹殺」ともいうべき蛮行なのである。

今なお数多くの政治家やマスコミが、何のためらいもなく「A級戦犯が祀られている靖国神社に首相が参拝するのはけしからん」あるいは「A級戦犯を靖国神社から分祀すべきだ」などと主張しているが、そのA級戦犯なるものは、以上のような不当な「裁判」によって貼られたレッテルにすぎず、けっして国際法上の犯罪人ではないのである。いうなれば、A級戦犯とは、東京裁判なる〝裁判ごっこ〟の中で〝犯罪人役〟を演じさせられたものにすぎないのである。東京裁判のこのような実態を認識した上で、そのような能天気な発言をしているのであろうか。もし十分に認識もしないままにそのような発言をしているのであれば、不勉強にして、かつ軽率きわまりないものといわざるをえない。しかし、もし十分認識しているにもかかわらず、あえてそのような発言をしているのであれば、それはソープのいう「リンチ裁判」を正当化し、パールのいう「文明の抹殺」に率先して加担していることになるのであって、法治国家日本の政治家やマスコミにはあるまじき愚行なのである。

〝過去の過ち〟を反省したいのなら好きにすればよいが、それでも不当なものは不当と追及する公平な態度は必要であろう。

かつては、社会党の議員さえも東京裁判の不当性を指摘していた。

たとえば、古屋貞雄《ふるやさだお》衆議院議員はこう演説している。

……**戦争が残虐であるということを前提として考えますときに、はたして敗戦国の人々に対してのみ戦争の犯罪責任を追及するということ**——**言いかえまするならば、戦勝国におきましても戦争に対する犯罪責任があるはずです。しかるに、敗戦国にのみ戦争犯罪の責任を追及するということは、正義の立場から考えましても、基本的人権尊重の立場から考えましても、公平な観点から考えましても、私は断じて承服できないところであります。**（拍手）……**世界の残虐な歴史の中に、最も忘れることのできない歴史の一ページを創造いたしましたも**

のは、すなわち広島における、あるいは長崎における、あの残虐な行為であって、われわれはこれを忘れることはできません。（拍手）この世界人類の中で最も残虐であった広島、長崎の残虐行為をよそにして、これに比較するならば問題にならぬような理由をもって戦犯を処分することは、断じてわが日本国民の承服しないところであります。（拍手）

ことに、私ども、現に拘禁中のこれらの戦犯者の実情を調査いたしまするならば、これらの人々に対して与えられた弁明並びに権利の主張をないがしろにして下された判定でありまするることは、ここに多言を要しないのでございます。しかも、これら戦犯者が長い間拘禁せられまして、そのために家族の人々が生活に困っておることはもちろんでありまするけれども、いつ釈放せらるるかわからぬ現在のような状況におかれまするることは、われわれ同胞といたしましては、これら戦犯者に対する同情禁ずることあたわざるものがあるのであります。われわれ全国民は、これらの人々の即時釈放を要求してやまないのでございます。……

（終戦五十周年国民委員会編『世界がさばく東京裁判』二三八頁〜二三九頁）

見事な正論である。いまの一部の自民党議員以上に立派なものである。かつての社会党議員は、このように真理を堂々と主張していたのである。

また、同じく社会党の堤ツルヨ衆議院議員は、戦犯として処刑され、あるいは獄死した方々に対してきわめて同情的な言葉を残している。

処刑されないで判決を受けて服役中の［者の］留守家族は、留守家族の対象になって保護されておるのに、早く殺されたがために、国家の補償を留守家族が受けられない（服役中の者の家族は「未帰還者留守家族援護法」という法律によって保護され、通常の戦闘で亡くなった者の遺族は「戦傷病者戦没者遺族等援護法」という法律によって保護されるのに、東京裁判はじめ戦犯裁判で処刑された者の家族は、このいずれによっても保護されないことを指摘している。引用者註）。**しかもその英霊は靖国神社の中にさえも入れてもらえないというようなことを今日の遺族は非常に嘆いておられます。……遺族援護法の改正された中に、当然戦犯処刑、獄死された方々の遺族が扱われるのが当然であると思います。**

（終戦五十周年国民委員会編『世界がさばく東京裁判』二四一頁）

社会党あるいはいまの社民党が、これらの発言を誤りとして取り消し謝罪したという話は、寡聞にして聞いたことがない。かつては東京裁判の不当性を指摘し、「戦犯として処刑、獄死された英霊が靖国に入れてもらえないのはかわいそうだ」と主張しておきながら、いまは「靖国には戦犯が祀られているから参拝するのはけしからん」というのは、矛盾ということもさることながら、戦犯という理不尽なレッテルを貼られた英霊に対してあまりにも冷酷な態度であろう。さらには、かつての社会党議員が持っていた法治国家の政治家としての良識や理性を、いまの社民党議員は失ってしまったものといわざるを得まい。社民党議員はじめ首相の靖国参拝に異を唱え、あるいはA級戦犯の分祀を主張する国会議員各位も、政治的な意図で真実を歪めることなく、不当なものは不当と追及する先輩議員の態度を見習っていただきたいものである。

話を教科書問題に戻せば、法治国家日本の教科書ならば、法治主義の精神を蹂躙《じゅうりん》した東京裁判という野蛮なる愚行は「悪しき前例」とする立場から記述すべきであろう。

各教科書のうち、扶桑社は『東京裁判について考える』（二一五頁）と題するコラムを設け、一ページを割いて東京裁判に対する疑問をきわめて正確かつ詳細に記述しており高く評価できるが、その他の教科書にはそうした記述が一言も見られない。扶桑社ほど詳細に記述しないまでも、せめて東京裁判に対して数多くの批判の声が上がっている事実程度は記述しなければなるまい。したがって、修正を要する。

○わが国の一連の軍事行動を「侵略」とする記述は修正を要する

これまで歴史教科書の記述の不当箇所を多々指摘してきたが、歴史教科書がここまで惨憺《さんたん》たる状況になってしまった原因の一つに、いわゆる「近隣諸国条項」がある。近隣諸国条項とは、教科書を記述するに際して「近隣のアジア諸国との間の近現代史の歴史的事象の扱いに国際理解と国際協調の見地から必要な配慮がされて」いなければならないというもので、教科書検定の基準の一つとなっている。要するに、近隣諸国の顔色を伺いながら教科書を書け、というのである。このような条項があるために、これまで指摘してきたような、明らかに史実に反するデタラメな記述までも、近隣諸国、とりわけ韓国や中国に配慮するあまり、検定で指摘されることなくパスし、子供たちに教えられてしまっているのである。

この条項が設けられたのは、一九八二（昭和五十七）年に行われた高等学校用の日本史教科書検定の際、文部省（いまの文部科学省）が、中国華北への「侵略」という教科書の記述を「進出」と書き改めさせた、と新聞各社が報道したことに端を発している。

これによって中国から抗議の声が上がったが、この報道が実は誤報であることが後に明らかになった。にもかかわらず、はっきりと誤報を認め謝罪したのはサンケイ（産経）新聞のみであり、その他のマスコミはそうした措置をとらなかった。

しかも、ときの宮沢喜一《みやざわきいち》内閣官房長官は、誤報であることが明らかになったにもかかわらず、わざわざ「近隣諸国との友好、親善を進めるために、近隣諸国の批判を考慮して、検定基準を改め、政府の責任で教科書の記述を是正する」旨の談話を発表した。要するに、中国に迎合したのである。これに基づいて設けられたのが、近隣諸国条項である。なお、この時期、日中国交回復十周年の式典に出席するため、ときの鈴木善幸《すずきぜんこう》首相の訪中が予定されており、これに出席するために近隣諸国条項の新設が急がれたともいわれている。とすれば、たかが式典への出席と引き換えに、その後二十年以上にわたって異常な歴史教科書が学校教育で用いられ、歴史教育が歪められてしまっているのである。

しかもこのとき、韓国政府はこう表明していた。

「**われわれはあえて事を荒立てるつもりはない。**」「**ただ、中国がこれ以上騒ぎ、それに対して日本が迎合する態度を見せれば、韓国としては中国以上に騒がざるをえませんよ。**」

（渡辺昇一・岡崎久彦『尊敬される国民　品格ある国家』五十二頁～五十三頁）

韓国は、この時点では自制していたのである。にもかかわらず、中国に対し堂々と反論することなく迎合的な態度をとり続けたことで、忠告どおり、韓国も日本非難を始めることとなり、その後も年を経るごとにエスカレートしてしまった。要するに、卑屈に外圧に屈してしまう迎合的な態度が、日韓関係を悪化させてしまったのである。諸外国の言い分を唯々《いい》諾々《だくだく》と認めればすべて丸く収まるという認識は大間違いなのである。

そもそも、この件では「侵略」との文言を「進出」に書き換えさせたことは誤報であったが、仮に事実であったとしても、けっして不適切なことではない。

第一、侵略の定義すら明確にはなっていない。

たとえば、パリ不戦条約が締結されたものの、同条約では、当事国が「自衛戦争である」とさえ言えば自衛戦争と認定され、侵略戦争として非難されることがないことは前述のとおりである。

東京裁判の判決でも、侵略を定義することが難しいと認めているにもかかわらず、わが国の軍事行動を「侵略」と断じている。この矛盾を、リチャード・H・マイニアはこう皮肉っている。

われわれは、侵略が何であるかわからないのに、ドイツと日本が侵略をなしたことはわかっていたことになる。

（リチャード・H・マイニア『東京裁判　勝者の裁き』七十八頁）

またパール判事は、侵略を定義することの必要性を感じながらも、それがきわめて困難であることを指摘し、判決文にこう記している。

おそらく現在のような国際社会においては、「侵略者」という言葉は本質的に「カメレオン的」なものであり、たんに「敗北した側の指導者たち」を意味するだけのものかもしれないのである。

（東京裁判研究会『パル判決書（上）』五〇〇頁）

そこで、とりあえず『広辞苑（第五版）』によるならば、「侵略」とは、「他国に侵入してその領土や財物を奪いとること。」とあり、「侵入」とは、「立ち入るべきではない所に、おかし入ること。無理にはいりこむこと。」とある。したがって、侵略とは、不法に他国に入り込んでその領土や財物を奪取すること、ということになろう。

この一応の定義に基づいて、まず満洲事変について検討すれば、関東軍は満洲に不法に入り込んだのではなく、日露戦争後のポーツマス条約や満洲に関する日清条約など、正当な法的根拠に基づいて駐留していたものである。そして満洲での軍事行動は、満洲に有する権益、およびこれに基づいて満洲に在留していた邦人を保護することを目的としたものであって、領土や財物の奪取を目的としたものではなかった。現にわが国は、満洲を制圧した後、これを植民地とすることなく、満洲国を建国し、満洲皇帝の手に戻している。

支那事変についても、蘆溝橋で発砲を受けた日本軍は、北京議定書に基づいて駐留していたものであって、華北に不法に入り込んだものではない。その後の軍事行動についても、わが国の停戦努力にもかかわらず、中国共産党の謀略に乗せられて戦わされたものであった。

大東亜戦争については、マッカーサーさえ自衛のための戦争であったと認めているほどであり、重ねて説明するまでもない。

このように、国際法上も、また一般的な意味においても、わが国の一連の軍事行動を「侵略」と断ずることはできないのである。にもかかわらず、扶桑社を除くいずれの教科書も、随所で「侵略」との文言を用いてわが国の軍事行動を記述している。

ところが一方で、まさに「侵略」と呼ぶにふさわしい、終戦間際のソ連のわが国への侵攻については、いずれの教科書も「侵略」とは記述していない。

このような矛盾からも分かるように、「侵略」との文言は、まさにパールのいう「カメレオン的」なものであり、けっして歴史的事実を客観的に表現する文言ではなく、それどころか、たとえば教科書執筆者が日本を貶めたいと思えば日本の行為を「侵略」と記述し、共産主義国ソ連を貶めたくないと思えばソ連の行為を「侵略」と記述することは避ける、というように、教科書執筆者の主観の入り込みやすい、きわめて政治的色彩の強い文言なのである。つまり、「侵略」とは、プロパガンダ（政治宣伝）のための宣伝用語であるといってよかろう。

となれば、そのような文言を用いることは、教科書の記述が政治的に公正であるべきことを規定する教科用図書検定基準に抵触するものであり、不適切である。しかも、その文言をわが国自身の行為に対して用いることは、「我が国の歴史に対する愛情を深め、国民としての自覚を育てる」ことを歴史教育の目標とする学習指導要領の精神とは真っ向から対立する態度なのである。

したがって、わが国の軍事行動を「侵略」とする記述は、「進出」や「進攻」に修正することを要する。もしそれが近隣諸国条項に抵触するというのであれば、まずは近隣諸国条項を撤廃した上で、教科書検定を行うべきである。

あとがき

はしがきで述べたように、歴史教科書とは、日本の未来を担う子供たちが、日本とはこれまでどのような歴史を歩んできた国なのかを学ぶために読むものである。その歴史教科書が、本書で紹介したような有様なのである。あたかも、日本をより悪辣《あくらつ》に貶《おとし》めるよう各社が競っているかのような様相さえ呈している。読めば読むほど、日本という祖国に対する愛情を喪失し、日本人であることに自己嫌悪を感じてしまうような内容なのである。

しかも、史実とは相反するデタラメも随所に散在している杜撰《ずさん》さである。「教科書に書かれていることは絶対に正しい」という一般的な認識は、歴史教科書については当てはまらないのである。

もとより、歴史という科目については、たとえば「新たな資料が発見されたことで、それまでの歴史の常識がくつがえされた。教科書の記述はまったくの誤りであった」ということもあろう。そのような記述の誤謬《ごびゅう》はやむを得ないものである。しかし、本書で紹介した誤謬は、そのような類のものではなく、少し調べれば明らかに誤りであることがすぐに分かる程度のものである。となれば、そのような記述は、教科書執筆者が日本を貶めるためにあえてウソを並べ立てたものということになろう。でなければ、たとえば「日本の朝鮮統治って、大体こんな感じだったんじゃないの？」といったいいかげんな気持ちで、歴史的事象についてろくに調べもせず、適当に教科書を執筆したのであろうか。いずれにせよ、そのような教科書は、学校教育で使用するに値しない粗悪品といわざるを得まい。

なぜそのような教科書が作られるのか？

その原因の一つが「近隣諸国条項」にあることは第十二章で指摘した。いわゆる近隣諸国条項があるために、教科書検定制度が機能不全に陥り、明らかに史実に反する記述までも検定で指摘されることなく垂れ流しになってしまっているのである。

しかし、それはあくまでも原因の一つであって、根本的な原因ではない。

では根本的な原因とは何か？

結論からいえば、共産主義や社会主義など左翼思想を持った教科書執筆者が日本を貶めた歴史教科書を執筆し、さらに、よりよく（？）日本を貶めた教科書が学校教育で使用されるよう、日本教職員組合（日教組）をはじめとする左翼団体が教科書採択に不当に関与していることが、そもそもの原因なのである。

このことは、たとえばロシア革命に関する記述を見ても分かる。

> 工業化がすすんだ19世紀後半以降のヨーロッパでは、社会主義にもとづいて、理想の世界をつくろうとする運動がさかんになった。それは、第一次世界大戦をきっかけにロシアで実現した。……
>
> レーニンを指導者とするソビエト政府は、地主の土地を取り上げて農民に分け与えたり、工業・銀行・鉱山などを資本家から没収して、国有化する政策をすすめ、社会主義社会を建設した。……
>
> 労働者・農民だけの国の理想をかかげた革命の成功は、植民地として強国の支配下にあった民族にも解放への大きな希望をもたらした。
>
> （清水書院　一八〇頁〜一八一頁）

> ロシアでは、長びく戦争で国民の生活が苦しくなり、皇帝と政府への不満が大きくなった。……レーニンに指導されたボルシェビキは、「すべての権力をソビエトへ」というスローガンをかかげて国民の支持をえた。……
>
> ソビエト政府は、地主の土地を農民に分けあたえ、資本家の工場や銀行を国有にした。こ

うして、**世界最初の社会主義国の建設**がはじまった。……
ロシア革命の成功は、平和と民族独立を求める人々に勇気をあたえた。
（日本書籍新社　一八二頁〜一八三頁）

社会主義の明るい未来を予感させるような、希望に満ち溢れた記述である。自国の歴史を描くのとは正反対の態度である。ソ連が崩壊して十五年を経た今もなお、教科書ではこのようなロシア革命礼賛《らいさん》が行われているのである。

国会では社民党や共産党は青息吐息であり、もはや左翼思想は過去のものとなったかのような印象を受けるが、教育現場では今なお隠然たる影響力を持っているのである。

では、なぜ左翼勢力が日本の歴史を貶めようとするのか？

次のマルクスの言葉が、その理由を端的に述べている。

青年に対し、祖国の前途に対する希望の灯を奪い、祖国呪詛《じゅそ》の精神を扶植《ふしょく》することが革命の近道である。

祖国に対する絶望と憎悪の念を青年の心に植え付けることが共産革命への近道だというの

である。この精神に則って、祖国を貶めた歴史教科書が作られ、教育現場で用いられて、子供たちに「祖国呪詛の精神を扶植」するよう仕向けられているのである。

今でも革命を目指しているのかどうか、その本心は分からないが、少なくとも祖国を貶めようとする意欲は健在のようである。扶桑社の歴史教科書の執筆にも携わる藤岡信勝拓殖大学教授は、こう指摘する。

一九八九年、ベルリンの**壁が崩壊**し、**一九九一年には**、**ソ連邦が解体**した。**七十年余の社会主義の実験は**、**経済的に国民を食わせることもできず**、**政治的自由も与えないどころかぼう大な数の政治的犠牲者を出した末に**、**無惨にも失敗**した。こうした**事態に直面**して、**日本国内の左翼勢力は**、**未来の社会主義・共産主義の理想を語れなくなった**ぶんだけ、**過去の日本の歴史のなかから日本の罪悪を見つけ出し**、**糾弾することに力を入れるように**なった。

（藤岡信勝『教科書採択の真相』九十六頁）

要するに、〝革命〟というみずからの存在目的を失った左翼勢力が、革命の手段であった反日活動そのものに存在目的を見出し、その活動の一環として、祖国を貶めた歴史教科書の製作・普及に努めているのである。いうなれば、往生際の悪い左翼勢力が、みずからの生き残りのために日本の歴史を喰いものにしているといってよかろう。

しかも、中学生の歴史教科書の購入には国民の税金が充てられている。つまり、現在の日本国民の税金で、日本の過去を貶めた歴史教科書が購入され、日本の未来を担う子供たちに反日思想が植え付けられているのである。日本の現在・過去・未来が左翼勢力によって愚弄《ぐろう》、冒瀆《ぼうとく》されていると言っても過言ではない。ムダな公共事業以上に悪質な税金のムダ使いである。

そうした状況を危惧して作られたのが、扶桑社の教科書である。この教科書の記述にはおおむね日本に対する愛情が感じられ、安心して子供たちに日本の歴史を教えられる。平成十三年、同教科書の最初の教科書採択では、左翼勢力の妨害もあってほとんど採択されることはなかったが、平成十七年の教科書採択では、やはり妨害を受けたものの、わずかながらこの教科書を採択する学校が増えた。次回の教科書採択では、さらに多くこの教科書が採択されることを願いたい。本書では、扶桑社の教科書といえどもその記述の不当箇所を指摘したが、唯一期待できる教科書であるがゆえに、よりよいものにしていただくため、あえて苦言を呈したものと御理解いただきたい。

ついでながら、教科書を少しでも改善するための簡単な方法を一つ提案したい。

たとえば、扶桑社（一九七頁）に次のような記述がある。

満州国は、五族協和、王道楽土建設のスローガンのもと、日本の重工業の進出などにより経済成長をとげ、中国人などの著しい人口の流入があった。しかし実際には、満州国の実権は関東軍がにぎっており、抗日運動もおこった。

これを、こう改めたらどうだろうか。

満州国の実権は関東軍がにぎっており、抗日運動もおこった。しかし満州国は、五族協和、王道楽土建設のスローガンのもと、日本の重工業の進出などにより経済成長をとげ、中国人などの著しい人口の流入があった。

用いている文言は同じであるにもかかわらず、前者では暗い印象を受け、後者では明るい印象を受けないだろうか。

現在の教科書には、前者のように、いったん評価しておきながら「しかし」でひっくり返し、結局は日本を非難する、といった記述が多く見られるが、これを、影の部分はあったが

「しかし」光の部分もあった、とするだけで、こうも違うのである。姑息《こそく》な方法ではあるが、せめて扶桑社にはこうした点にも配慮していただきたいものである。

◇　◇　◇　◇　◇

はしがきでも述べたように、本書では、アジアとの友好構築、とりわけ韓国との関係改善には特に意を用いたつもりである。

いまの日本では、過去の朝鮮統治をひたすら反省することが正しいことであり、韓国側からの非難に対しても粛々とこれを受け止めなければならないとする意識が根強く、政治家が少しでも朝鮮統治を評価する発言をしようものならマスコミから袋叩きにあうのが現状である。

しかし、史実を冷徹に追究すれば、韓国側の主張には不当なものも多い。

たとえば、わが国は朝鮮統治で「七奪」を行ったものとされている。七奪とは、わが国が朝鮮の「国王」「主権」「人命」「土地」「資源」「国語」「姓名」の七つを奪った、というものである。これらの主張が不当なものであることは第五章および第八章でおおよそ指摘したが、あらためて振り返ってみたい。

「国王」について、わが国は李王家を廃絶するどころか、皇室に準じて厚遇していた。たとえば李太王（高宗）の薨去《こうきょ》に際しては国葬が執り行われ、朝鮮人のみならず日本人も喪に服した。

「主権」について、日韓併合により韓国が独立を失ったのは確かであるが、その背景に、安重根による伊藤博文暗殺や、一進会はじめ韓国内の世論の後押しなど、韓国人自身による要因があったのも厳然たる事実である。

「人命」について、灌漑《かんがい》事業を行い農業生産を安定させたことで飢餓はなくなり、衛生環境を整えたことで流行病による死者も減少した。結果、朝鮮の人口は日本統治時代の三十六年間で倍増している。人命を奪ったどころか、むしろ救ったとさえいえよう。

「土地」について、わが国は、土地調査事業によって近代的な土地所有制度を朝鮮に導入し、錯綜《さくそう》した土地所有の権利関係を整理して、正当な所有権を有する者の手に土地を帰属させたのであって、正当な所有者から不法に土地を奪ったのではない。

「資源」について、そもそも朝鮮半島はわが国と同様、資源の豊かな土地ではなく、日本統治以前ほとんど資源開発は行われていなかった。日本統治時代に資源開発が行われた結果、朝鮮の産業がさかんになり、経済が向上し、朝鮮人も潤ったのである。

「国語」について、日本統治時代も朝鮮語が禁じられることはなく、学校でも朝鮮語の授業が行われ、ハングルも教えられていた。

「姓名」について、創氏改名によって姓が廃止されたわけではなく、姓を戸籍上残したまま、新たに氏が創設されたのである。また、創氏改名が実施された後も「洪思翊《こうしよく》」のように朝鮮名を名乗った者も多く、日本名を強制したものではなかった。

以上のような史実をかえりみない不当な主張に対して、何ら反論することなく韓国に迎合して卑屈にペコペコ謝罪する「媚《び》韓」的態度は、日韓友好をもたらすどころか、むしろ日本国民の心の中に屈辱感を芽生えさせ、「嫌韓」意識を蔓延《まんえん》させることになりかねないのではなかろうか。そうなれば、それに呼応して韓国の反日意識もさらにエスカレートすることとなろう。そのような憎悪の連鎖は、何としても断ち切らなければならない。そのためにも、不当な主張に対しては、史実をもとに、毅然《きぜん》として反論することが必要なのである。

それとともに、同じく史実に基づいて、第十章で述べたように、韓国人に対する感謝の気持ちもけっして忘れてはならない、というのが本書の立場である。要するに、「史実さえ無視した暗黒の歴史認識に基づく謝罪」ではなく「史実を踏まえた栄光の歴史認識に基づく感謝」、つまり「ごめんなさい」ではなく「ありがとう」こそ、真の日韓友好をもたらすのではなかろうか、と考えるものである。

大東亜戦争で奮闘した朝鮮人を第十章で紹介したが、これはほんのごく一部にすぎない。当時、朝鮮人の大多数は、戦場で、あるいは銃後で、日本のために力を尽くし、時には命まで捧げてくれた。このことは、わが国としていくら感謝しても感謝しすぎることはなかろう。そうした感謝の心こそ、歴史教科書を通じて子供たちに教え、後世に伝えていくべきなのではなかろうか。そしていずれは、大東亜聖戦をともに戦った栄光の歴史を共有する戦友として、日韓両国が真に〝近くて近い国〟になることを願うものである。

こうした考えがただちに理解を得られるかどうかはともかく、いずれ芽が出て花が咲くことを願いつつ、まずは種を蒔《ま》いたつもりである。歪んだ歴史認識のために損なわれた日韓関係を修復する一助となれば幸いである。

◇　◇　◇　◇　◇

最後に、扶桑社の記述を借りて、エルトゥールル号遭難事故とその後日談を紹介したい。

日本が明治維新の諸改革を行っていたころ、オスマン・トルコ帝国でも、近代化改革や欧米列強への対等なあつかいを求めて努力をしていた。

皇帝アブドル・ハミド二世は視察のため、日本に特派使節を派遣した。一行はトルコ軍艦エルトゥールル号で一八九〇（明治二三）年六月五日来日、九月一五日に帰途についた。

しかし、一行は台風に遭遇し、和歌山県串本・大島の樫野崎《かしのざき》沖で遭難した。六五〇名の乗組員のうち五八七名が死亡、生存者六九名という大惨事となった。

エルトゥールル号の遭難現場は惨憺たる状況だった。第一発見者の灯台守《とうだいもり》はいう。

「九月一六日の真夜中、服はぼろぼろで裸同然、全身傷だらけの男がやって来た。海で遭難した外国人であることはすぐにわかった。『万国信号書』を見せると、彼がトルコ軍艦に乗っていたトルコ人であること、また多くの乗組員が海に投げ出されたことがわかった。救助に向かった村の男たちが岩場の海岸におりると、おびただしい船の破片と遺体があった。男たちは裸になって、息がある人たちをだきおこし、冷えきった体を暖めた」

助けられた人々は村の寺や小学校に収容され、手厚い介護を受けた。村では非常用の鶏《にわとり》など、村にあるすべてのものを提供した。

こうして六九名の命は救われたのである。

（扶桑社　十三頁）

1985（昭和60）年3月、イランとイラクが戦争をしていたときのことである。イラクのフセイン大統領は、48時間の猶予ののち、イラン上空を飛ぶすべての航空機を無差別に攻撃するとの指令を出した。さっそく世界各国から、自国の国民を助けるために救援機《きゅうえんき》が出されたが、日本政府の対応は遅れ、日本企業で働く日本人とその家族がイランに取り残されてしまった。彼らはイランのテヘラン空港で、帰国のすべもなくパニック状態になっていた。

タイムリミットを目前にして、2機の飛行機が空港におり立った。トルコから日本人救出のために送られた救援機だった。トルコ機は日本人215名を乗せて、イラン上空を脱出しトルコに向かった。なぜ、トルコは日本人を救ってくれたのか。元駐日トルコ大使はこう説明した。

「私たちは、日本人がエルトゥールル号の遭難事故のさいに示してくれた、献身的な救助活動を忘れていません。教科書にもその話はのっていて、トルコ人ならだれでも知っています。だから、困っている日本人を助けるのは、わたしたちにとって当然のことなのです。

（扶桑社　十四頁　傍点引用者）

教科書で紹介された友好の物語が、新たなる友好の物語を生み出したのである。

こうしたエピソードを踏まえて、教科書とは、どのようなものであるべきか、教科書執筆者にはよく考えていただき、より質の高い教科書を、未来を担う子どもたちに提供していただくよう願いたい。

参考文献

◇愛新覚羅溥儀〔著〕、小野忍等〔訳〕『わが半生』（筑摩書房）
◇ＡＳＥＡＮセンター編『アジアに生きる大東亜戦争』（展転社）
◇新しい歴史教科書をつくる会編『新しい日本の歴史が始まる』（幻冬舎）
◇井上和彦『親日アジア街道を行く』（扶桑社）
◇勝岡寛次『抹殺された大東亜戦争』（明成社）
◇黄文雄『日本の植民地の真実』（扶桑社）
◇児島襄『東京裁判（上・下）』（中公新書）
◇小林よしのり『戦争論（～③）』（幻冬舎）
◇小堀桂一郎『東京裁判　日本の弁明』（講談社学術文庫）
◇小室直樹・渡部昇一『封印の昭和史』（徳間書店）
◇蔡焜燦『台湾人と日本精神《リップンチェンシン》』（小学館文庫）
◇相良俊輔『赤い夕陽の満州野が原に』（光人社）
◇司馬遼太郎『坂の上の雲①～⑧』（文藝文庫）
◇清水馨八郎『大東亜戦争の正体』（祥伝社）
◇終戦五十周年国民委員会編『世界がさばく東京裁判』（ジュピター出版）
◇杉本幹夫『データから見た日本統治下の台湾・朝鮮プラスフィリピン』（龍渓書舎）
◇瀬島龍三『大東亜戦争の実相』（ＰＨＰ）
◇田中正明『パール博士の日本無罪論』（小学館文庫）
◇田中舘貢橘『歴史教科書のここがおかしい』（善本社）

◇朝鮮総督府編纂教科書『普通学校朝鮮語読本』ほか（あゆみ出版　復刻）
◇東京裁判研究会『パル判決書（上・下）』（講談社学術文庫）
◇中村粲『大東亜戦争への道』（展転社）
◇名越二荒之助『世界から見た大東亜戦争』（展転社）
◇名越二荒之助『日韓共鳴二千年史』（明成社）
◇西尾幹二・藤岡信勝『国民の油断―歴史教科書が危ない！―』（ＰＨＰ）
◇西岡力『日韓誤解の深淵』（亜紀書房）
◇服部剛『先生、日本のこと教えて』（扶桑社）
◇深田祐介『大東亜会議の真実』（ＰＨＰ新書）
◇冨士信夫『こうして日本は侵略国にされた』（展転社）
◇藤岡信勝・自由主義史観研究会『教科書が教えない歴史①～④』（産経新聞社）
◇ヘレン・ミアーズ〔著〕、伊藤延司〔訳〕『新版　アメリカの鏡・日本』（角川書店）
◇前野徹『新　歴史の真実』（経済界）
◇三浦朱門『全「歴史教科書」を徹底検証する』（小学館）
◇Ｒ・Ｆ・ジョンストン〔著〕、中山理〔訳〕、渡部昇一〔監修〕『完訳　紫禁城の黄昏（上・下）』（祥伝社）
◇渡部昇一『かくて昭和史は甦る』（クレスト社）
◇渡部昇一『年表で読む明解！日本近現代史』（海竜社）

ほかにも多数の文献を参考にしたが、煩を避けて省略した。

歴史《れきし》教科書《きょうかしょ》を斬《き》る

針原崇志《はりはらたかゆき》

明窓出版

平成十八年八月三十日初版発行
発行者――増本　利博
発行所――明窓出版株式会社
〒一六四―〇〇一二
東京都中野区本町六―二七―一三
電話　（〇三）三三八〇―八三〇三
FAX（〇三）三三八〇―六四二四
振替　〇〇一六〇―一―一九二七六六
印刷所――株式会社　ダイトー
落丁・乱丁はお取り替えいたします。
定価はカバーに表示してあります。

ISBN4-89634-190-2

ホームページ http://meisou.com　Eメール meisou@meisou.com